Vergessene Pflanzen

HEEL

Impressum

HEEL Verlag GmbH
Gut Pottscheidt
53639 Königswinter
Telefon: 0 22 23 / 92 30-0
Fax: 0 22 23 / 92 30-26
E-Mail: info@heel-verlag.de
Internet: www.heel-verlag.de

Herausgeber: imhoff REALISATION

Autoren: Ulrike Lindner, Elmar Mai, Dr. Markus Phlippen

© Fotos:
Flora Foto, Uwe Lochstampfer: S. 13, 38, 75, 89, 95, 96, 101, 107, 112, 123, 125,127, 132, 133
Ulrike Lindner: S. 7, 8, 9, 10, 11, 14, 15, 17, 18, 19, 22, 25, 26, 27, 30, 31, 33, 34, 37, 39, 41, 42, 43, 45, 46, 48, 49, 50, 51, 53, 55, 57, 58, 59, 61, 65, 66, 68, 69
Naturwuchs: S. 71, 83, 84, 85, 128, 129, 131
Nova-Photo-Graphik/Wien: S. 35, 99, 103, 109, 111, 119, 120, 121
Ökologie + Design, Ulla Grall & Partner: S. 29
Markus Phlippen: S. 100, 115, 116, 117
Unser besonderer Dank richtet sich an die Firmen Baumschule Hachmann (B), Syringa-Samen (S) und Staudengärtnerei Alpine Raritäten (A), und an Jürgen R. Hoppe (H), die uns kostenlos die folgenden Abbildungen zur Verfügung stellten: S. 21 (H), 54 (S), 73 (S), 79 (A), 80 (A), 81 (A), 87 (S), 91 (B), 92 (B), 93 (B), 97 (S), 104 (S), 113 (S).

Lektorat: Antje Schönhofen

Satz und Gestaltung: ARTCOM Königswinter, Christine Greguletz
Lithographie: ARTCOM Königswinter, Petra Hammermann

Druck: Koelblin-Fortuna-Druck, Baden-Baden

Printed and bound in Germany

ISBN: 3-89365-909-9

Ulrike Lindner / Markus Phlippen / Elmar Mai

Vergessene Pflanzen

Ratgeber Heim und Garten

ARD
Das Erste

WDR

HEEL

Inhalt

Nutzpflanzen

Zierpflanzen

Vorwort

Wenn auch Sie zu der Gattung der Pflanzenliebhaber zählen, die ihrem Garten oder ihrem Balkon eine ganz persönliche Note geben und gerne auf ausgefallene und seltene Arten zurückgreifen wollen, dann haben Sie mit diesem Buch einen guten Griff getan. Denn hier finden Sie Blumen, Stauden, Gemüse und Gehölze, die nicht jedermann hat, weil sie gleichsam in Vergessenheit geraten sind.

Einige davon werden Sie sicherlich kennen, andere werden Ihnen vom Namen her nicht viel sagen. Aber alle waren irgendwann einmal bekannt und beliebt: Manche wuchsen bereits als Zier- und Nutzpflanzen in Großmutters Bauerngarten, zum Teil jedoch erfreuten sie schon viel früher des Gärtners Herz. Doch nach und nach verschwanden sie aus den heimischen Gärten.

Das Team des ARD Ratgebers Heim und Garten hat sich nun daran gemacht, solche vergessenen Pflanzen wieder zu entdecken. In unseren Sendungen haben wir diese Raritäten in loser Folge vorgestellt und werden es auch künftig weiter tun.

Unsere Moderatorin Ulrike Lindner und die Autoren und Realisatoren Elmar Mai und Markus Phlippen sind alle drei vom Fach und Mitarbeiter der Fa. Imhoff Realisation, die im Auftrag des WDR die Sendereihe ARD Ratgeber Heim und Garten konzipiert und herstellt. Die Autoren wissen, wo sie suchen müssen, um Ihnen alles Wissenswerte über ihre Findlinge mitzuteilen.
Dabei haben sie sich auch von dem Gedanken leiten lassen, dass es sich für den Hobbygärtner lohnt, seinen Garten mit besonderen Augenweiden anzureichern. Denn welcher Pflanzenliebhaber zeigt seine neuen Lieblinge nicht gerne den staunenden Besuchern? Jetzt kann er auch etwas über die Herkunft seiner Pflanzen erzählen, denn davon erfährt er in diesem Buch. Aber als Gärtner möchte man selbstverständlich auch wissen, wie man die Pflanzen heranzieht, pflegt und verwendet.

Sie bekommen eine Menge Tipps zu jeder Pflanze, damit sie sich bei Ihnen wohl fühlt und Sie Ihre Freude daran haben. Vielleicht sind Sie ja schon bald stolzer Besitzer etlicher dieser seltenen und fast vergessenen, aber ganz besonderen Nutz- und Zierpflanzen.
Wir wünschen jedenfalls gutes Gelingen und Gärtners Lust und Stolz!

Rainer Nohn
Redakteur Ratgeber Heim und Garten

Cardy

Cynara cardunculus, Korbblütler (Asteraceae)
Spanische Artischocke, Karde, Gemüse-Karden, Kardone

Herkunft und Botanisches

Die spanische Artischocke oder Cardy war zu Zeiten des Barock ein beliebtes Gemüse in englischen und französischen Küchengärten. Als Nutzpflanze wurde sie jedoch schon im vierten Jahrhundert vor Christus in Ägypten kultiviert. Obwohl die Cardy im 19. Jahrhundert auch in den deutschen Bauerngärten weit verbreitet war, ist sie heute weitgehend verschwunden. Ursprünglich stammt die mit der Artischocke verwandte Pflanze aus dem Mittelmeerraum, wo sie auch heutzutage noch eine gewisse Bedeutung als Gemüse und Zierpflanze hat. Besonders in der Gegend um Lyon wird Cardy als Spezialität angeboten. Mit ihren distelähnlichen blauen Korbblüten erreicht die Staude eine Größe von bis zu 2 m und ist damit auch als mehrjährige Zierpflanze äußerst attraktiv. Die zahlreichen Blüten stellen zudem für Nektar sammelnde Insekten eine üppige Futterquelle dar. In der Gemüsekultur wird Cardy nur einjährig angebaut, da sich die im zweiten Jahr erscheinende Blüte negativ auf die Qualität der Blattstiele auswirkt.

Sorten

Neben der meist im Handel befindlichen Sorte mit graugrünen Stielen findet man in den Anbauländern auch rötlich, gelb und weiß gefärbte Sorten. Des Weiteren gibt es Unterschiede bezüglich der Rippenstärke und natürlich im Geschmack, wobei die bestachelten Sorten eindeutig gegenüber stachellosen vorzuziehen sind.

Kultur und Pflege

Für die optimale Entwicklung einer Cardykultur sind ein humusreicher Boden und ein warmer, geschützter Standort

unerlässlich. Vor der Pflanzung ist eine Bodenanreicherung mit organischem Stickstoffdünger, beispielsweise Rizinusschrot, und Kompost oder Mist empfehlenswert.
Nach der Aussaat im Februar sollten die Jungpflanzen etwa drei Monate in einem warmen, hellen Raum vorgezogen werden, da sie äußerst frostempfindlich sind. Pikiert wird in Töpfe mit 10 bis 12 cm Durchmesser. Erst Mitte Mai werden die Pflanzen im Abstand 80 cm x 80 cm ins Freihe gepflanzt. Eine zusätzliche Erhöhung der Bodenwärme kann durch Anwendung von schwarzem Mulchmaterial erreicht werden. Cardys sind relativ robuste Pflanzen, die lediglich auf eine ausreichende Bewässerung Wert legen. So wird die Qualität der Blattstiele erheblich verbessert, sie wachsen gleichmässiger und eine zu starke Faserbildung bleibt aus.

Der zunächst große Freiraum zwischen den jungen Cardypflanzen kann durch Pflanzung von Salat oder Radieschen genutzt werden.

Bleichen

Normalerweise werden die gebleichten Blattstiele der Cardy verwendet, da durch die Bleichung der Gehalt an Bitterstoffen wie Cynarin vermindert wird. Jedoch sind die leicht herben, ungebleichten Stiele durchaus gesund, da sich die Bitterstoffe unterstützend auf die Sekretion von Verdauungssäften auswirken. Der Bleichvorgang dauert ungefähr zwei bis vier Wochen und sollte ca. Mitte August eingeleitet werden. Hierzu werden die Pflanzen in einer Höhe von 40 bis 50 cm zusammengebunden und mit organischen Materialien wie Schilfmatten oder Langstroh umwickelt. Die Standfestigkeit wird zusätzlich durch Anhäufelung mit Erde erhöht. Die Fäulnisgefahr ist unter solch einer Bedeckung natürlich besonders hoch. Daher müssen die Pflanzen unbedingt trocken sein – eine Abdeckung mit Folie sollte vermieden werden.

Ernte

Die Ernte der gebleichten Stiele erfolgt im Herbst, indem die gesamten Pflanzen erdbündig abgeschnitten werden. Ungebleichte Pflanzenteile werden entfernt. Die Lagerfähigkeit der geernteten Pflanzen ist begrenzt, sie welken recht schnell und werden dann trocken und zäh, sodass sich eine relativ rasche Verwendung empfiehlt. Nicht geerntete oberirdische Pflanzenteile sterben zwar nach dem ersten Frost ab, die im Boden verbliebenen Wurzelstrünke treiben aber im nächsten Frühjahr häufig wieder neu aus.

Verwendung und Tipps

Die Verwendung von Cardy-Stielen ist vergleichbar der von Stangensellerie, Spargel oder Knollenfenchel. Die Stiele müssen etwa 20 bis 60 min in Salzwasser gekocht werden (mit etwas Essig oder Zitrone, um ein Braunwerden zu verhindern). Vorher schneidet man sie in 4 cm große Stücke und zieht die härtere, faserige Haut ähnlich wie beim Rhabarber ab. Cardy weist nach dem Kochen ein charakteristisches leicht bitteres, nussiges Aroma auf.

Übersicht

ERNTE	*Frühjahr*	*Sommer*	*Herbst*	*Winter*
VERWENDUNG	*Blattstiele*			
	mehrjährig, einjährig (als Gemüse)			

Guter Heinrich

Chenopodium bonus-henricus, Gänsefußgewächse (Chenopodiaceae)
Stolzer Heinrich, King Henry, Wilder Spinat, Mercur- oder Lincolnshire-Spinat

Herkunft und Botanisches

Obwohl diese vielfach wild vorkommende heimische Pflanze einen hohen Nährwert hat und zudem äußerst widerstandsfähig und pflegeleicht ist, hat der Gute Heinrich heute nur noch in England eine gewisse Anbaubedeutung (Schösslinge) als Spargelersatz im Frühjahr. Die bis zu 80 cm hoch wachsenden Pflanzen blühen unscheinbar von April bis Oktober und können über 5 bis 6 Jahre kultiviert werden. Verwendung finden hierbei nicht nur die Schösslinge, sondern vor allem auch die Blätter, Blütenknospen und Samen. Das volkstümliche Synonym «Wilder Spinat» weist darauf hin, dass früher vor allem die Verwendung der Blätter im Vordergrund stand.

Sorten

Keine.

Kultur und Pflege

Die Aussaat erfolgt im Frühjahr oder im Herbst direkt ins Beet. Alternativ können natürlich auch Jungpflanzen vorgezogen werden. Es empfiehlt sich ein Reihenabstand von etwa 50 cm bei einem Abstand der Einzelpflanzen von 40 cm zueinander. Insgesamt handelt es sich um eine äußerst anspruchslose Pflanze.

Ernte

Erst im zweiten Jahr erfolgt im beginnenden Frühling die Ernte, wobei zunächst Schösslinge und später auch junge Blätter und sogar Blütenknospen geerntet werden. Auch beim Guten Heinrich lassen sich die Schösslinge bleichen. Das Bleichen ist durch Bedeckung mit einer schwarzen Folie oder durch Anhäufeln eines Erdwalls möglich.

Achtung:
Bei Nichtentfernen der Samenstände samt sich die Pflanze stark aus.

Verwendung und Tipps

Fast die ganze Pflanze kann verwendet werden: junge Blätter als Blattgemüse, die Schösslinge sind wie Spargel zuzubereiten. Aber damit nicht genug: Mit den jungen Blütenknospen lassen sich Salate verfeinern und aus den Samen gewonnenes Mehl kann zur Brotherstellung eingesetzt werden.

Übersicht

ERNTE	*Frühjahr*	*Sommer*	*Herbst*	*Winter*
VERWENDUNG	*Blätter, Schösslinge, Knospen, Samen*			
	mehrjährig			

HAFERWURZEL

Tragopogon porrifolius, Korbblütler (Asteraceae)
Weiße Schwarzwurzel, Salsify, Vegetable Oyster

Herkunft und Botanisches

Im Gegensatz zu den Blüten ihrer heimischen Verwandten, der Schwarzwurzel und dem Bocksbart, präsentieren sich die Blüten der Haferwurzel nicht in Gelb, sondern in dunklem Pink. Kein Wunder, dass sie früher neben der Verwendung als Wurzelgemüse auch oft als Zierpflanze , die nur frühmorgens ihre wunderschönen Korbblüten öffnet, in den Gärten verbreitet war.
Aus ihrer südeuropäisch bis vorderasiatischen Heimat nach Mitteleuropa gelangt, wurde die Haferwurzel bis ca. 1700 als beliebtes Wurzelgemüse angebaut, erfuhr dann aber eine Verdrängung zu Gunsten der nicht so stark verholzenden und leichter zu erntenden Schwarzwurzel. Im Gegensatz zur Schwarzwurzel muss bei der Haferwurzel die äußere Wurzelhaut nicht entfernt werden und ihr Geschmack ist etwas milder.

Sorten

„Sandwich Island Mammouth" bildet besonders dicke und gleichmäßige Wurzeln aus; insgesamt wird bei der Auslesezüchtung auf gerade, unverzweigte Wurzeln selektiert.

Kultur und Pflege

Die Kultur der Haferwurzel ist bei ähnlich intensivem Wurzelwachstum (20 bis 25 cm lang und 2,5 cm dick) mit der der Schwarzwurzel vergleichbar, wobei die Samen allerdings schneller auflaufen als bei der Schwarzwurzel. Mit einem Reihenabstand von 25 bis 30 cm und einem Abstand in der Reihe von 5 bis 6 cm erfolgt die Aussaat (Saattiefe 2 bis 3 cm, Saatmenge 1,5 g/m^2) im zeitigen Frühjahr (März/April).
Wenn die Wurzeln im Boden bleiben, können im kommenden Frühjahr auch Schösslinge, gebleicht oder ungebleicht, geerntet werden. Dazu wird das alte Laub im Herbst bis auf 3 cm

abgeschnitten. Zum Bleichen wird im Spätwinter entweder 15 cm Erde angehäufelt oder in gleicher Höhe organisches Material (Laub, Stroh) aufgeschichtet, schwarzes Vlies aufgelegt oder schwarze Eimer übergestülpt. Die Schösslinge sollten in 10 bis 15 cm Höhe geschnitten werden.

Ernte

Die Ernte der Wurzeln erfolgt im gleichen Jahr im Spätherbst – jedoch nicht vor Oktober. Dabei vorsichtig die Erde mit einer Grabgabel lockern und die langen Wurzeln herausziehen. Die Wurzeln dürfen nicht beschädigt werden, weil sonst Saft austritt und der Geschmack beeinträchtigt wird. Da die Wurzeln zwar relativ frosthart, aber nicht ganz so robust sind wie Schwarzwurzeln, werden sie am besten in Sand eingeschlagen und an einem trockenen, kühlen Ort aufbewart. Die Überwinterung im Beet ist auch möglich, die restlichen Wurzeln sollten jedoch spätestens im zeitigen Frühjahr geerntet werden, um eine Verholzung zu vermeiden. Eine vorzeitige Blüte im ersten Anbaujahr führt ebenfalls schnell zu unerwünschter Verholzung.

Verwendung und Tipps

Die Wurzeln sind außen gelblich, innen weiß. Sie können in gleicher Weise wie Schwarzwurzeln zubereitet, also gekocht, gebacken oder für Cremesuppen verwendet werden. Durch intensives Kochen geht der arteigene Geschmack jedoch verloren, weshalb man sie besser nur dämpfen sollte. Dabei ist zu beachten, dass die Kochzeit kürzer ist als bei Schwarzwurzeln und Möhren. Die Haferwurzel kann aber durchaus auch roh zum Salat geraspelt werden.
Wie die Zichorienwurzel liefert auch die Haferwurzel einen Kaffee-Ersatz.
Schösslinge lassen sich roh als Salat verwenden oder wie Spargel zubereiten.

Übersicht

ERNTE (WURZELN)	*Frühjahr*	*Sommer*	*Spätherbst*	*Winter*
VERWENDUNG	*Wurzeln, Schösslinge*			
	zweijährig			

Knollenziest

Stachys sieboldii, Lippenblütler (Lamiaceae)
Japanknolle, Ziestknollen, Stachys, Crosnes de Japan

Herkunft und Botanisches

Als einziges Gemüse aus der großen Familie der Lippenblütler ist der mit der Taubnessel verwandte, aus Nordchina stammende Knollenziest Ende des 19. Jahrhunderts von Japan nach Crosne (Entstehung des Synonyms «Crosne»!) in Frankreich eingeführt worden. Dort war seine Popularität als feines Knollengemüse bis in die 50er Jahre des 20. Jahrhunderts ungebrochen. Die Ernte der unterirdischen Wurzelausläufer mit ihren an den Spitzen verdickten Knöllchen ist jedoch – bei relativ geringem Ertrag – sehr arbeitsaufwändig. Hinzu kam eine hohe Anfälligkeit gegenüber Virusinfektionen, sodass der Anbau immer weiter abnahm. Da seit den 80er Jahren jedoch wieder virusfreies Pflanzgut im Handel erhältlich ist, bahnt sich langsam aber sicher eine Renaissance dieser Rarität an.

Sorten

Keine.

Kultur und Pflege

Ähnlich der Kartoffel werden im Frühjahr kleine Knöllchen zu je drei Stück im Abstand von 30 cm (Reihenabstand: 40 cm) in etwa 10 cm tiefe Horste gelegt. Der Knollenziest bevorzugt einen nährstoffreichen, feuchten und lehmigen Boden. In den nächsten Monaten entwickeln sich die oberirdischen Anteile der Pflanzen, um dann ab Juli/August das Wachstum der unterirdischen Ausläufer zu ermöglichen. Etwa ab Anfang September beginnt die Verdickung der Ausläuferspitzen zu perlschnurartigen Wurzelkörpern. Alle zwei Jahre sollte der Bestand zur Erhaltung der Vitalität und Ertragsleistung neu verpflanzt werden.

Ernte

Die Ernte erfolgt erst Anfang November, wenn die oberirdischen Pflanzenteile vollständig abgestorben sind. Es empfiehlt sich die winterharten Knollen direkt vor dem Verzehr zu ernten, da sie sonst an der Luft schnell eintrocknen. Für den Aufbau eines Dauerbestandes verbleiben einige Knollen im Boden, aus denen im März wieder neues Laub austreibt.

Verwendung und Tipps

Mit einem Geschmack zwischen Schwarzwurzel, Artischocke und Blumenkohl ist der Knollenziest eine wirkliche Gaumenfreude. Die zarten, saftigen Knöllchen (ca. 5 bis 8 cm lang, 1 bis 2 cm dick) werden lediglich abgebürstet und können direkt roh zum Salat geben werden. Wer die gekochte Variante bevorzugt, kann sie etwa 5 min in Salzwasser dünsten und dann ähnlich wie bei Spargelrezepten mit zerlassener Butter anrichten.

Übersicht

ERNTE	*Frühjahr*	*Sommer*	*Spätherbst*	*Winter*
VERWENDUNG	*Knollen*			
	mehrjährig			

Kohlrübe

Brassica napus var. napobrassica, Kreuzblütler (Brassicaceae)
Steckrübe, Krautrübe, Unterkohlrabi, Wruke, Schwedenrübe, Finnische Rübe, Lappländische Rübe, Oldenburger Ananas

Herkunft und Botanisches

Die Kohlrübe ist vermutlich eine Kreuzung von Kohl und Herbstrübe, entstanden in mittelalterlichen Gärten, wo sie nebeneinander standen. Die Kohlrüben kamen 1795 von Schweden nach England und sind ein traditionelles schottisches Wintergemüse. Sie sind mit den Speiserüben, und zwar mit den Herbstrüben, verwandt, allerdings sind Kohlrüben meist größer und ihr Geschmack ist etwas kräftiger, weniger wässrig (besonders „Marian") und derber. Zudem sind sie winterfester. Wie viele andere Kohlarten sind auch die Kohlrüben zweijährig, werden also im ersten Anbaujahr geerntet. Lässt man sie stehen, blühen sie im zweiten Jahr.

Der legendäre Kohlrübenwinter 1917/18 hat mit dazu beigetragen, dass die auch als „Steckrübe" bezeichnete Kohlrübe ein schlechtes Image als Viehfutter und Kost für arme Leute erhielt. Der holzige und leicht erdige Geschmack der alten Sorten hat sein Übriges dazu beigetragen. Heutzutage sind jedoch neue Sorten auf den Märkten zu finden, die sich durch einen handlicheren Wuchs und einen feineren Geschmack auszeichnen. Als leicht lagerfähiges Viehfutter sind Kohlrüben immer noch weltweit in den gemäßigten Zonen verbreitet. Innerhalb Deutschlands beschränkt sich der Anbau jedoch bevorzugt auf den Norden, um sich die günstigen Einwirkungen des maritimen Klimas zu Nutze zu machen.

Sorten

Man unterscheidet weißfleischige und gelbfleischige Sorten. Während erstere bevorzugt als Viehfutter verwendet werden,

überzeugen letztere mit einem weicheren und zarteren Aroma. Unter den alten Sorten bietet das Saatgutregal meist nur die „Grünköpfige Gelbe Wilhelmsburger". Weitere Sorten sind „Seefelder", „Angela" und „Merrick", sowie „Pandor" und „Mella", die sich beide durch einen sehr guten Geschmack auszeichnen. Die gelbfleischige Sorte „Marian" hat den Vorteil, dass sie tolerant gegenüber Kohlhernie ist und sich somit bei einer an Kreuzblütlern reichen Fruchtfolge anbietet.

Die Samen bleiben bei guten Lagerbedingungen bis zu fünf Jahren keimfähig.

Kultur und Pflege

Bei der Kultur von Kohlrüben ist die Temperatur entscheidend, da sie warme Witterung nur bedingt ertragen. Erst im Spätsommer, wenn die Temperaturen im Mittel 24° C nicht mehr übersteigen, werden die vorgezogenen Jungpflanzen gesetzt. Etwa vier bis fünf Wochen vor dem angestrebten Pflanztermin erfolgt die Aussaat in Gefäße oder in ein Saatbeet. Eine direkte Aussaat ist ab Mitte Juni möglich. Ein größerer Einfluss auf das Wachstum der Pflanzen ist jedoch gewährleistet, wenn man erst vorzieht und dann umpflanzt. Hierbei führen weder zu tief noch zu flach „gesteckte" (daher der Name „Steckrübe") Pflanzen zu einem befriedigenden Ergebnis – die Rüben bleiben in beiden Fällen zu klein. Durch leichtes Einkürzen der Wurzeln vor dem Umpflanzen kann die Bildung von runden Rüben erzielt werden. Die Jungpflanzen werden in einem Abstand von 40 cm gesetzt (Reihenabstand: 50 cm).

Die Kohlrüben stehen als Nachkultur, d. h. in einem normal versorgten Gartenboden braucht keine zusätzliche Düngung zu erfolgen. Wichtiger ist es dagegen, für ausreichende Bodenfeuchte zu sorgen und eventuell zusätzlich Kalium in den Boden zu bringen. Hierzu wird vor der Pflanzung Steinmehl (z. B. „Phytosana") oder Holzkohlengrieß in den Boden eingearbeitet.

> ***Achtung:***
> *Kohlrüben können von Kohlhernie befallen werden. Deshalb auf eine weite Fruchtfolge achten und am besten eine kohlhernie-tolerante Sorte anbauen.*

Ernte

Am besten schmecken junge Kohlrüben mit einem Durchmesser von 10 bis 15 cm. Rüben vertragen tiefe Temperaturen bis ca. -10° C, ohne Schaden zu nehmen. Die Ernte erfolgt normalerweise im Oktober/November, in milden Gebieten können sie aber auch bis zum Verzehr in der Erde bleiben. Nach der Ernte können die Rüben einfach auf Holzgestellen an einem feuchten Platz im Keller gelagert werden.

Verwendung und Tipps

Als kalorienärmstes Wurzelgemüse (Wassergehalt 84 %) weisen Kohlrüben trotzdem einen hohen Zuckergehalt auf und enthalten darüber hinaus viele wichtige Mineralstoffe, darunter in erster Linie Calcium, sowie Provitamin A und B-Vitamine. Je nach Geschmack können sie roh verzehrt oder gekocht werden. Als Kochgemüse werden sie ähnlich wie Möhren angerichtet, zusammen mit Möhren und Kartoffeln zu Püree verarbeitet oder auch für rustikale Eintöpfe verwendet. Da Kohlrüben ebenfalls ein möhrenähnliches, herbsüßes Aroma besitzen, ergänzen sich diese Gemüse vortrefflich. Die Palette der Zubereitungsarten reicht vom Dünsten über Schmoren bis hin zu gefüllten Rüben, beispielsweise mit einer delikaten Farce. Sie schmecken gut zu Reisgerichten und in Verbindung mit Obst, am besten in einer Gewürzkombination von Curry und Koriander. Es gibt auch süße Zubereitungsmöglichkeiten, z. B. in Butter gedünstete Kohlrüben mit Äpfeln und Rosinen, süß abgeschmeckt.

Übersicht

ERNTE	*Frühjahr*	*Sommer*	*Spätherbst*	*Winter*
VERWENDUNG	*Hauptwurzel (Rübe)*			
	zweijährig			

Meerkohl

Crambe maritima, Kreuzblütler (Brassicaceae)
Strandkohl, Seekohl

Herkunft und Botanisches

Seit 1750 wird Meerkohl in England als beliebtes Gemüse kultiviert und ist dort auch heute noch in vielen Hausgärten anzutreffen. In Deutschland beschränkt sich seine Prominenz heutzutage eher auf das Vorkommen als wenig beachtetes Wildkraut an der Nord- und Ostseeküste. Früher wurde Meerkohl dagegen sogar profimäßig angebaut. Da das Bleichen der Blattstiele aber relativ arbeitsaufwändig ist, ging der Anbau zurück und geriet mehr und mehr in Vergessenheit.
Auf Grund des attraktiven Aussehens und der schmackhaften Stiele im Frühjahr ist der Meerkohl auf jeden Fall ein Gemüse, welches es verdient, wieder angebaut zu werden. Mit den bis zu 70 cm hoch werdenden Blütenstielen entwickeln sich die Stauden im Frühsommer zu imposanten Zierpflanzen und bereichern mit hunderten Kreuzblüten den Speiseplan vieler Insekten. Der Durchtrieb zur Blüte ist allerdings für den Nutzgarten nicht immer von Vorteil, weil der Ernteertrag im darauf folgenden Jahr geringer ausfallen kann, da die Pflanze in die Entwicklung der Blütenstiele zusätzliche Kraft investieren muss. Verglichen mit anderen Gemüsen ist Meerkohl jedoch äußerst robust und widerstandsfähig.

Sorten

Keine. Saatgut ist im Handel fast nicht erhältlich, sodass man auf den privaten Kleinanzeigenbereich in Gartenzeitschriften oder Pflanzenbörsen im Internet zurückgreifen sollte.

Kultur und Pflege

Meerkohl ist mehrjährig und in etwa wie Spargel oder Rhabarber anzubauen. Der Boden muss, wie bei vielen mehrjährigen Kulturen, gut vorbereitet werden, indem jährlich zu

Beginn der Gartensaison Kompost und Rizinusschrot (160 g/m²) eingearbeitet werden. Darüber hinaus sollte Meerkohl immer ausreichend mit Wasser versorgt werden.
Meerkohl wird entweder direkt aus Samen gezogen oder aber vegetativ durch Wurzelstücke vermehrt. Leider hat das Saatgut oft nur eine geringe Keimfähigkeit, die jedoch etwas verbessert werden kann, wenn man es etwa einen Tag in Wasser vorquellen lässt bevor die Aussaat (Frühjahr) in Gefäße erfolgt. Nach erfolgreicher Anzucht verpflanzt man die Sämlinge im Frühsommer ins Beet. Wer die Erfolg versprechendere Vermehrung mit Wurzelstücken bevorzugt, pflanzt diese im Frühjahr (März/April) direkt ins Beet. Bei einem Reihenabstand von 100 cm und einem Abstand in der Reihe von 30 cm können drei bis vier Pflanzen zusammengesetzt werden, sodass man sie nachfolgend gemeinsam bleichen kann. In klimatisch rauen Gebieten wird der Meerkohl über Winter am besten mit einer dicken Strohschicht geschützt. Es bietet sich an, mit der Beerntung im zweiten Jahr nach der Pflanzung oder im dritten Jahr nach der Aussaat zu beginnen.

Bleichen

Das Bleichen ist mit den unterschiedlichsten Materialien und Konstruktionen möglich. Es ist lediglich wichtig, dass die Pflanzen abgedunkelt werden, sobald sie beginnen auszutreiben. Dies geschieht erst, wenn der Boden frostfrei ist. Mit dunklen Gefäßen (beispielsweise schwarzen Eimern) oder einer mehrere Pflanzen überspannenden schwarzen Folie lässt sich der Bleichvorgang recht leicht durchführen. Im gartenbegeisterten England gibt es sehr dekorative Tontöpfe („sea kale pots“), die speziell für das Bleichen von Meerkohl gedacht sind (z. B. zu beziehen über Die Gartengalerie in 75045 Walzbachtal). Alternativ kann man die Pflanzen auch mit Erde anhäufeln.

Ernte

Die Blattstiele haben mit 15 bis 25 cm Länge ihre Idealgröße erreicht und sollten geerntet werden. Es empfiehlt sich, bei dieser Sproßhöhe die Abdeckung zu entfernen, um unerwünschtes Faulen zu vermeiden und weder Asseln noch Schnecken anzulocken. Die Blattstiele sollten bei der Ernte jedoch noch keine Spreiten entfaltet haben oder gar Blütenansätze zeigen. Die Lagerfähigkeit der Blattstiele ist mit der anderer Blattgemüse vergleichbar und beträgt im Gemüsefach des Kühlschranks etwa eine Woche. Im Anschluss an die Ernte lässt man die Pflanzen im Freien weiterwachsen, damit sie genügend Kräfte sammeln können, um neue Biomasse für die nächste Überwinterung zu produzieren. Die Beerntung der Stauden kann etwa sieben bis zehn Jahre fortgesetzt werden. Danach ist es jedoch an der Zeit die Pflanzen umzusetzen und zu verjüngen, damit die Ertragsleistung nicht vermindert wird. Wer früher ernten möchte, kann die Wurzelstöcke im Herbst ausgraben, in ein temperierbares Gewächshaus umpflanzen und dort treiben und bleichen. Nach der Ernte im Gewächshaus werden die Pflanzen dann später wieder ins Freiland gesetzt.

Verwendung und Tipps

Die Vitamin-C-reichen Meerkohl-Stiele haben nicht nur einen spargelähnlichen, leicht kohlartigen Geschmack, sie werden auch ähnlich wie Spargel zubereitet, wobei sich das Schälen der Stiele jedoch erübrigt.

Übersicht

ERNTE	*Frühjahr*	*Sommer*	*Herbst*	*Winter*
VERWENDUNG	*Blattstiele*			
	mehrjährig			

MELDE

Atriplex hortensis, Gänsefußgewächse (Chenopodiaceae)
Spanischer Salat, Spanischer Spinat

Herkunft und Botanisches

Die Melde hat als älteste „Spinatersatz-Pflanze" eine Tradition, die sogar bis in die Küche aber auch zu den Heilkünsten der Römer und Griechen zurückreicht. Zunächst auf Grund ihrer Heilwirkungen von Südosteuropa und Vorderasien nach Mitteleuropa gelangt, wurde sie später im Mittelalter in jedem Garten als Gemüse angebaut, bis sie dann vor etwa 200 Jahren durch den Kulturspinat verdrängt wurde. Mit ihrer typischen Blattform gehört die Melde wie der Gute Heinrich zu den Gänsefußgewächsen. Die englische Bezeichnung „sea purslane" weist darauf hin, dass diese Art eine gewisse Salzverträglichkeit aufweist. Insgesamt gibt es mehr als 100 Melde-Arten, wovon die meisten essbar sind und die ungenießbaren durch den typischen unangenehmen Geruch, der den zerriebenen Blättern entströmt, leicht zu identifizieren sind.

Sorten

Die Melde wird nach der Farbe ihrer Blätter in grüne, gelbe, rote, rot gestreifte und violette Sorten unterteilt. Bekannt sind beispielsweise die „Grüne Gartenmelde" und die „Gelbe Rheinische". Die Sorten mit roten bis violetten Blättern schmecken allerdings eher faserig und gehören damit vielmehr in den Zierbereich. Häufig werden sie in Kombination mit Blumen in Rabatten angebaut. Meldesamen sind maximal sechs Jahre bis zu 50 % keimfähig.

Kultur und Pflege

Vergleichbar mit dem Guten Heinrich ist auch die Melde äußerst anspruchslos, kann sogar im Halbschatten wachsen und verträgt jede Bodenart, jedoch keine Staunässe! Die Aussaat erfolgt kontinuierlich von Frühjahr bis Spätsommer in einem

Reihenabstand von 30 bis 40 cm. Es ist wichtig, immer ausreichend zu bewässern, damit die Blätter nicht zu faserig werden. Die Schwarze Bohnenlaus ist übrigens ein Schädling, der auch vor der Melde nicht Halt macht.

Achtung:
Melde-Pflanzen haben winzige Blüten, deren Bestäubung durch den Wind erfolgt. Werden die Pflanzen nicht vor der schnell nachfolgenden Samenreife geerntet oder entfernt, können sie sich rasch aussamen und ungewollt zum „Unkraut“ werden.

Ernte

Vergleichbar dem Spinat wird auch bei der Melde die ganze Pflanze geerntet, sobald sie eine Höhe von 10 bis 25 cm erreicht hat. Bereits blühende Pflanzen schmecken bitter.

Verwendung und Tipps

Die Meldeblätter haben weniger Oxalsäure als Spinat und sind deshalb milder im Geschmack. Außerdem enthalten sie nennenswerte Mengen an Calcium, Eisen und Vitamin C. Verwendet werden sie roh als Salat oder gekocht wie Spinat, z. B. auch als Pfannkuchen- oder Tarte-Füllung.

Übersicht

ERNTE	*Frühjahr*	*Sommer*	*Herbst*	*Winter*
VERWENDUNG	*Blätter, ganze Pflanze*			
	einjährig			

Mispel

Mespilus germanica, Rosengewächs (Rosaceae)

Herkunft und Botanisches

Die Mispel zählt zu den ältesten heimischen Wildobstarten, die schon die alten Wikinger zur Vitamin-C-Versorgung während des Winters nutzten. Ursprünglich soll sie aber aus Vorderasien stammen, wo sie bereits vor 3000 Jahren am Kaspischen Meer kultiviert wurde. Griechen und Römer brachten die Frucht nach Mitteleuropa, ins damalige Germanien. Noch bis ins 19. Jahrhundert wurde die Mispel bei uns häufig kultiviert, geriet danach aber in Vergessenheit. Trotzdem kommt das anspruchslose Gehölz hier zu Lande inzwischen sogar verwildert vor. Da Mispeln bei uns erwerbsmäßig nicht angebaut werden, findet man im Spätherbst allenfalls Exporte aus Mitteleuropa auf dem Markt.

Sorten

Unterschiedliche Sorten sind nicht erhältlich, höchstens auf Weißdorn, Quitte oder Birne veredelte Pflanzen. Ursprünglich waren die Bäume bedornt; die heutigen Selektionen sind weitgehend dornenlos – nur junge Pflanzen tragen manchmal noch Dornen. Auf Weißdornpflanzen veredelte Mispeln entwickeln davon weniger. Die geschmacklich besten Früchte soll die Veredelung auf Birne geben. Allerdings ist die Vermehrung ziemlich schwierig und daher sind junge Bäume relativ teuer.

Kultur und Pflege

Eigentlich kann die Mispel überall wachsen. Am besten fruchtet sie jedoch in windgeschützter, sonniger und relativ trockener Lage auf kalkhaltigen Böden. Die Büsche oder Bäume werden 5 bis 8 m hoch. Mit ihrem sparrigen Wuchs und den attraktiven, 3 bis 5 cm großen, cremefarbenen Blüten und einer dekorativen Laubfärbung im Herbst hat auch die Mispel einen hohen Zierwert. Da die Blüten erst im Mai/Juni erscheinen,

entgehen sie meist den Spätfrösten.
Mispeln sind selbst fruchtbar und tragen meist sehr gut.
An Schnittmaßnahmen fällt nur das Auslichten an. Krankheiten und Schädlinge sind nicht bekannt.

Ernte

Die anfangs grünlichen, später rostroten Früchte verfärben sich im Spätherbst braun. Sie sind dann etwa walnussgroß und noch steinhart und ungenießbar, weil sie zu bitter und herb sind. Genießbar werden sie erst bei Ernte nach dem ersten Frost oder bei Ernte Ende Oktober und anschließendem Nachreifen bis sie weich sind. Hierzu werden die Früchte für zwei Wochen in dünn mit Stroh ausgelegten Kisten kühl und trocken gelagert; dabei kommt es zu einer Art Gärungsprozess.

Verwendung und Tipps

In weichem Zustand können die Früchte auch roh ausgelöffelt oder ausgelutscht werden. Die fünf enthaltenen Steinsamen und auch die Fruchthaut sollten nicht mitgegessen werden. In

seiner Konsistenz erinnert das reife Fruchtfleisch an Apfelmus, ist braun und schmeckt krautig-aromatisch. Durch die gärungsbetonte Nachreife entsteht zusätzlich ein leicht alkoholischer Geschmack wie bei süßsäuerlichem Wein.
Mispeln enthalten neben Mineralstoffen, Zucker, Stärke und einem hohen Anteil an Ballaststoffen, viel Pektine. Durch diese stark quellfähigen und flüssigkeitsbindenden Stoffe gelieren Marmeladen, Konfitüren und Gelees mit Mispeln besonders gut. Meist werden sie zusammen mit Äpfeln und Birnen verarbeitet. Die Früchte können auch für Kompott, „Birnbrot" und „Apfelstrudel" verwendet werden. Durch den hohen Ballaststoffanteil wirken Mispeln lang anhaltend sättigend. Durch den hohen Stärkegehalt lassen sie sich in warmen Gebieten leicht trocknen und zu aromatischem Mehl verarbeiten, das in Konditoreien gerne verwendet wird.
Selbst Saft, Likör und Wein lassen sich aus Mispeln herstellen.

Übersicht

ERNTE	*Frühjahr*	*Sommer*	*Spätherbst (nach dem 1. Frost)*	*Winter*
VERWENDUNG	*Früchte*			
	mehrjährig (Gehölz)			

NACHTKERZE

Oenothera biennis, Nachtkerzengewächse (Onagráceae)
Rapontika, Nachtblume, Schinkenwurzel, Roter Sellerie

Herkunft und Botanisches

Die Nachtkerze kommt hier zu Lande häufig in der Natur vor. Ursprünglich in Peru beheimatet, wurde sie von den Indianern nach Nordamerika und Anfang des 17. Jahrhunderts durch die Seefahrer nach Europa eingeführt, um zunächst als Schmuckpflanze kultiviert zu werden. Vom 19. bis zu Beginn des 20. Jahrhunderts wurde die Nachtkerze bei uns häufig als Wurzelgemüse angebaut und galt als nahrhaft und wohlschmeckend. Sie bildet spindelförmige, rübenartige Wurzeln bis zu 20 cm Länge und etwa 5 cm Durchmesser am Wurzelhals aus, ihre Farbe ist oft rötlich überlaufen. So ist auch die Bezeichnung „Schinkenwurzel" darauf zurückzuführen, dass die Wurzeln beim Kochen „schinkenrot" werden. Ein altes Sprichwort besagt übrigens, dass man durch ein Pfund Schinkenwurzeln mehr Kraft bekommt als von einem Zentner Ochsenfleisch.
Die Pflanze ist zweijährig: Während im ersten Jahr zunächst eine dichte Blattrosette wächst und im Herbst dann die fleischige Wurzel, streckt sich erst im zweiten Jahr der Spross und bildet den Blütenstand, sodass die gesamte Pflanze etwa 2 m hoch wird. Die großen gelben, stark duftenden Blüten, die sich erst in der Dämmerung öffnen, zieren den Garten ganz besonders und locken verstärkt Insekten an.

In ganz Europa wächst die Nachtkerze heute nur verstreut und überwiegend verwildert (Ausnahme: Höhenlagen), in Kanada und Südafrika wird sie sogar feldmäßig angebaut: Ihre ölhaltigen Samen liefern das teuerste Samenöl der Welt, denn die Gamma-Linolen-Säure, die ansonsten nur noch in der menschlichen Muttermilch vorkommt, ist besonders wertvoll und wird in der Heilkunde eingesetzt.

Sorten

Früher existierten neben der Wildform zwei Sorten, die heute vermutlich nicht mehr erhalten sind : „Große gelbe Salat-Rapontika“ und „Kleine feine weiße Rapontika“.

Kultur und Pflege

Als Zierpflanze kann die Nachtkerze mit im Staudenbeet stehen. Sie mag einen leicht feuchten, lockeren und sandigen Boden, der im Vorjahr mit (Mist-) Kompost gedüngt wurde, ist ansonsten aber relativ anspruchslos. Die Aussaat sollte zwischen April und Ende Mai erfolgen. Bei zu früher Saat bildet die Pflanze noch im gleichen Jahr Blüten, aber entweder gar keine oder verholzte Wurzeln, die unbrauchbar sind. Eine Aussaat ist auch im Herbst möglich: Reihenabstand 20 bis 25 cm, Saattiefe etwa 1 cm, in der Reihe auf 15 bis 18 cm vereinzeln bzw. verpflanzen. Falls sie verpflanzt werden empfiehlt es sich, bei den Sämlingen die Seitenwurzeln abzuschneiden, sodass eine kräftige Hauptwurzel entstehen kann.

Vorsicht:
Die Nachtkerze samt sich stark aus! Als Gemüse genutzt, sollte sie ins Gemüsebeet gesetzt werden.

Ernte

Mit einsetzendem Herbst kann geerntet werden. Es ist aber auch möglich, die Wurzeln bis in den März hinein zur laufenden Beerntung im Beet zu belassen. Solange noch keine Blütenstängel geschoben haben, sind die Wurzeln brauchbar.

Verwendung und Tipps

Die Wurzeln der Nachtkerze (15 bis 18 cm langen) lassen sich zu einem sehr fein schmeckenden Salat zubereiten, können aber wie Schwarzwurzeln auch als Gemüse dienen. Die mild schmeckenden Blüten und Blätter eignen sich für Salatmischungen, sind aber ebenso gut zum Kochen zu gebrauchen.

Übersicht

ERNTE	*Frühjahr*	*Sommer*	*Herbst*	*Winter*
VERWENDUNG	*Wurzel*			
	zweijährig			

Pastinake

Pastinaca sativa, Doldenblütler (Apiaceae)
Moorwurzel, Hammelmöhre

Herkunft und Botanisches

Die Pastinake, die zu unseren ältesten Wurzelgemüsen zählt, wurde bei uns vor etwa 150 Jahren durch die damals neuen Möhrenzüchtungen und auch durch die Kartoffel weitgehend verdrängt. In England, Skandinavien, Frankreich, den Niederlanden und den USA gilt sie als geschätzte Delikatesse und wird dort verstärkt angebaut. Insbesondere bei Engländern und Amerikanern sind die Wurzeln als „Weihnachtsgemüse" beliebt. In Deutschland wird die Pastinake heute nur in sehr geringem Umfang und meist von Biobauern kultiviert – neben dem Vertragsanbau für die Verarbeitungsindustrie, die Babynahrung und Trockengemüse daraus herstellt. Die Pastinake, die ernährungsphysiologisch wertvoller ist als die Möhre, ähnelt einer großen Wurzelpetersilie. Sie ist vitaminreich und zeichnet sich – neben einem höheren Gehalt an Trockenmasse, Roheiweiß, Rohfaser, Vitamin C, Kalium und Calcium – vor allem dadurch aus, dass sie von Natur aus einen weit geringeren Nitratgehalt aufweist (weit unter 100 mg je kg Frischsubstanz) . Wegen ihrer Wirkstoffe galt und gilt die Pastinake noch immer als Heilmittel: Sie lindert Magen- und Darmbeschwerden und erleichtert die Atmung.

Sorten

Die Sorten sind in ihrem Aussehen sehr vielfältig: kurze, halblange und lange Rüben, die länglich oder kugelförmig sein können. Meist ist die Sorte „Halblange Weiße" im Handel.

Kultur und Pflege

Der Anbau ist auch bei uns ohne Probleme möglich. Für die Aussaat zwischen März und Mai darf nur frisches Saatgut verwendet werden: 2 cm tief, Reihenabstand 30 bis 40 cm, in der

Reihe auf 15 bis 20 cm vereinzeln. Auch hier beträgt die Keimfähigkeit oftmals nur 50%, weshalb ausreichend dick eingesät werden sollte (4 bis 6 g je 10 m²)! Abhängig von der Temperatur kann die Keimung bis zu vier Wochen dauern! Die Pastinake zählt zu den Schwach- bis Mittelstarkzehrern. Zum Glück ist die Kultur selbst so robust, dass Krankheiten und Schädlinge kaum auftreten.

Vorsicht:
Die Blätter können bei empfindlichen Personen durch Berührung (Jäten, Ernten) Hautreizungen hervorrufen!

Ernte

Nach dem ersten Frost sind die Wurzeln, die bereits ab August geerntet werden können, besonders schmackhaft. Die langen Rüben lassen sich mit der Gabel vorsichtig ausheben und dann in eine Erdmiete einlagern oder tiefgefrieren. Die frostharten Wurzeln können jedoch auch den Winter über im Boden bleiben und je nach Bedarf geerntet werden. Friert es sehr stark, so sollte der Boden mit einer etwa 20 cm dicken Langstrohdecke geschützt werden.

Achtung: *Gefahr durch Mäusefraß!*

Verwendung und Tipps

Da größere und ältere Pastinaken oft holzig sind, schmecken nicht zu große, geschälte Rüben am besten: Sie sollten etwa 20 cm groß und 300 g schwer sein. Obwohl sie sich zusammen mit anderem Gemüse gut als Rohkost-Salat anrichten lassen, werden Pastinaken meist gegart. Sie schmecken besonders würzig, sodass es sich anbietet, sie zusammen mit Möhren, Kartoffeln oder anderen Gemüsesorten zu verarbeiten. Auch die Blätter können zum Würzen und die Samen ähnlich wie Dillsamen verwendet werden. Die Rüben lassen sich auch zu einer Art Bratkartoffeln verarbeiten, wenn sie fein geschnitten und in Öl ausgebraten werden. In England gewinnt man aus den Pastinaken Mehl und bereitet damit pikante Kuchen zu. Auch geraspelte Pastinaken lassen sich in eine Torte geben (ähnlich wie bei der Herstellung eines Möhrenkuchens).

Übersicht

ERNTE	*Frühjahr*	*Sommer*	*Spätherbst*	*Winter*
VERWENDUNG	*Hauptwurzel (Rübe)*			
	zweijährig			

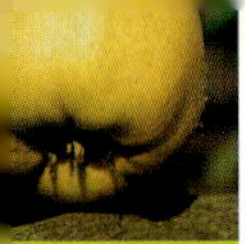

QUITTE

Cydonia oblonga, Rosengewächs (Rosaceae)
Baumwollapfel

Herkunft und Botanisches

Wandbilder in Pompeji belegen, dass Quitten schon im Altertum unter den Bezeichnungen „Apfel der Hesperiden“ oder „Apfel der Schönheit“ bekannt waren. Schon zu Zeiten des trojanischen Krieges gelangten die Quitten nach Griechenland, wo sie heimisch wurden und auch heute noch zur Reifezeit ein ebenso wichtiges Grundnahrungsmittel wie Kartoffeln oder Gemüse darstellen. Von dort stammt unsere heutige Kulturform, Wildformen sind in Turkestan, im Kaukasus, im Sudan und im Südosten der Arabischen Halbinsel zu finden. Der botanische Name ist von der Stadt Cydon auf Kreta abgeleitet worden. Dort befinden sich noch immer Überreste einer 2000 Jahre alten Quittenplantage. Heutzutage werden diese Früchte überwiegend in den Mittelmeer- und Balkanländern angebaut. Während man die Quitte bei uns früher in vielen Gärten fand, ist sie inzwischen recht selten geworden und dient in erster Linie als Unterlage für Birnen.

Sorten

Die heimischen Quittensorten müssen in aller Regel weiterverarbeitet werden, während es in Vorderasien auch Sorten gibt, die für den Frischverzehr geeignet sind. Unter hiesigen Klimabedingungen reifen Quitten meist nicht aus. Allenfalls länger gelagerte Früchte sind in kleinen Mengen genießbar, aber auch dann noch sehr herb und säuerlich.
Man unterscheidet die etwa 30 Sorten nach ihrer Form in Apfel- und Birnenquitten. Wegen ihres stärkeren Aromas werden Birnenquitten bevorzugt, sie sind etwas weicher im Fleisch und haben größere Früchte. Ansonsten kann die Quitte mit ihren schönen Blüten, ihrer dekorativen Laubfärbung im Herbst und den duftenden Früchten auch als Zierbaum gefallen.
Die Kultursorten sind auf Unterlagen veredelt; bei kleineren

Bäumen meist auf Quitte A, Hochstämme oft auf Rotdorn. Empfehlenswerte Kultursorten von Birnenquitten sind: „Champion“ (für milde Klimate), „Portugiesische Birnquitte“, „Bereczki“, „Riesenquitte von Lescovac“, „Ronda“ und „Vranja“.

Kultur und Pflege

Quitten sind bei uns zwar winterhart, lieben aber sonnige, geschützte Standorte mit humusreichen, nährstoffreichen und nicht zu trockenen Böden. Allerdings können bei Starkfrösten (unter -20° C) jüngere Bäume und auch Fruchtknospen geschädigt werden. In der Regel wachsen Quitten dort besonders gut, wo anderes Kernobst auch gedeiht. In etwas raueren Gebieten entwickeln die Früchte jedoch nicht den typischen, stark zitronenähnlichen Duft. Da die schönen, weißen oder rosafarbenen Blüten erst relativ spät erscheinen (Mai/Juni), sind Schäden durch Spätfröste meist nicht zu befürchten.
Die Pflanzen wachsen zu rund erscheinenden Sträuchern oder kleinen Bäumen (bis 8 m Höhe) mit sparriger Verzweigung heran. Als Düngung reicht das Ausstreuen einer dünnen Lage Reifkompost um die Baumscheibe herum aus.

Achtung:
Die Frühjahrspflanzung bringt einen besseren Start als die im Herbst.

Quitten sind weitgehend selbst fruchtbar, sodass ein einzelner Baum ausreicht um Früchte zu bilden. Als Schnittmaßnahme reicht gelegentliches Auslichten. Insgesamt brauchen die Bäume kaum Pflege und sind wenig anfällig gegen Krankheiten und Schädlinge. Lediglich das Laub kann von Raupen oder Läusen befallen werden. Wenn ausgelichtet werden muss, dann erst im Frühjahr. Werden mehrere Bäume gepflanzt, ist ein Pflanzabstand von etwa 3 x 5 m empfehlenswert. In trockenen Gebieten ist eine Bewässerung in den Hauptwachstumsmonaten der Früchte (Ende Juli bis Mitte September) unerlässlich.

Ernte

Für die Verwendung als Gelee und Kompott werden die Früchte gepflückt, wenn sie von Grün auf Gelb umfärben. Für die Saftbereitung wartet man ab, bis sie goldgelb sind, in der Regel ist dies im Oktober der Fall. Erste Fröste schaden bei der Ernte nicht, allerdings muss die Frucht dann aufgetaut sein. Ein ausgewachsener Baum kann bis zu 50 Jahre lang tragen und dann sogar jeweils bis zu 40 kg Früchte. Die Einzelfrüchte können bis zu 1500 g schwer werden.
Mit zunehmender Reife nimmt auch die starke, weißflaumige Behaarung der Früchte ab. In einem kühlen, luftfeuchten Keller sind kurz vor der Reife geerntete Früchte zwei bis drei Monate lagerfähig. Dabei sollten sie nicht mit anderen Früchten zusammen gelagert werden, da diese sonst das starke Quittenaroma annehmen.

Verwendung und Tipps

Quittenspeisen galten im Mittelalter als Delikatesse und wurden häufig bei Krönungsfeierlichkeiten gereicht. Vielfach konservierte man sie in Honig.
Zur Saftbereitung eignen sich am besten vollreife, oder sogar während einer Lagerung von vier bis acht Wochen etwas weich und schon teigig gewordene Früchte. Aber erst durch Garen werden sie richtig mürbe und wohlschmeckend. Beim Garen verfärbt sich das Fruchtfleisch bei fast allen Sorten rot. Der

Gehalt an Nährstoffen ist mit dem von Äpfeln und Birnen zu vergleichen, allerdings enthalten Quitten mehr Fruchtsäuren und Ballaststoffe, darunter Pektin. Durch den hohen Pektingehalt, einen stark quellfähigen und flüssigkeitsbindenden Stoff, gelieren Marmeladen, Konfitüren und Gelees mit Quitten besonders gut. Allerdings baut sich das Pektin mit zunehmender Reife ab. Das heißt, dass zur Geleeherstellung nicht zu spät gepflückt und überlagert werden darf. Zudem tritt bei älteren, überlagerten Früchten leicht eine Verbräunung des Fruchtfleisches auf, was allerdings keine Auswirkungen auf den Geschmack hat.

Die Früchte eignen sich ebenfalls gut zur Likörherstellung. Man kann Quitten aber auch zum Backen verwenden, für Kuchen und Torten sowie Konfekt (Quittenbrot), als Chutney oder „Bratäpfel".

Für die Zubereitung werden die haarigen Früchte zuerst mit einem groben Tuch abgerieben oder abgebürstet. Denn dieser „Pelz" enthält ein ätherisches Öl, welches nach einer gewissen Lagerzeit den Geschmack beeinträchtigt. Am besten wird aber ein gemischter Saft hergestellt (Apfel und/oder Birne mit 35 bis 50 % Quitte); reiner Saft oder Most von Quitten ist zu herb und nur bedingt trinkbar. Da sich das Pektin di-

rekt unter der Schale befindet, werden die Früchte bei der Saft- und Geleeherstellung nicht abgeschält, um sich die wasserhaltenden Eigenschaften des Pektins zu Nutze zu machen. Ansonsten behandelt man die Früchte wie Äpfel.
Die mit einer Schleimschicht umhüllten Samenkerne der Quittenfrüchte sind, in Wasser aufgeschwemmt, ein bewährtes Hausmittel gegen Rachen- und Bronchialkatarrh.
Wegen des angenehmen Geruches beim Lagern können die Früchte auch für einige Zeit als Duftspender in den Wäscheschrank gelegt werden.

Übersicht

ERNTE	*Frühjahr*	*Sommer*	*Herbst*	*Winter*
VERWENDUNG	*Früchte*			
	mehrjährig (Gehölz)			

Rapunzel-Glockenblume

Campanula rapunculus, Glockenblumengewächse (Campanulaceae)

Herkunft und Botanisches

Die in Mitteleuropa heimische Rapunzel-Glockenblume wurde früher als Wildkraut gesammelt und später von Mönchen angebaut. Ihre Blütenstände werden bis zu 1 m hoch, was diese zweijährige Glockenblumenart zu einer ganz besonderen Schönheit macht. Benannt ist sie nach dem Grimm-Märchen „Rapunzel" – eine Bezeichnung übrigens, die auch für Feldsalat üblich ist. Vermutlich beruht die Namensgleichheit

darauf, dass sich die Blattrosetten der jungen Pflanzen beider Arten ähneln und als Gemüse essbar sind.

Sorten

Keine.

Kultur und Pflege

Ein guter, lockerer Boden in Kombination mit einem leicht schattigen Standort, der die Erde nicht austrocknen lässt, bietet die idealen Voraussetzungen zur Kultivierung der Rapunzel-Glockenblume. Dabei gilt es zu beachten, dass die Pflanze bei Trockenheit bereits vorzeitig zur Blüte kommt und dann ungenießbar wird.
Um eine Blüte noch im gleichen Sommer zu verhindern, sollte die Aussaat nicht vor Ende Mai erfolgen. Es empfiehlt sich, die besonders feinen Samen mit Sand zu mischen.

Ernte

Da ab Mai die Blütenbildung einsetzt und die Wurzeln damit ungenießbar werden, sollte die Ernte zwischen Oktober und April erfolgen: entweder nach Bedarf oder in einem Durchgang. Die restlichen Wurzeln lassen sich dann, in Sand eingeschlagen, kühl lagern.

Verwendung und Tipps

Die nur fingerdicken, 7 bis 8 cm langen Wurzeln sind weiß, fleischig und rübenförmig. Sie lassen sich entweder roh, aber auch gekocht verwenden. Die jungen Blätter schmecken als Salat oder können ähnlich wie Spinat zubereitet werden.

Übersicht

ERNTE	*Frühjahr*	*Sommer*	*Herbst*	*Winter*
VERWENDUNG	*Wurzeln*			
	zweijährig			

SCHWARZWURZEL

Scorzonera hispanica, Korbblütler (Asteraceae)
Spargel des Winters, Schusterspargel, Skorzoner Wurzel

Herkunft und Botanisches

Die in Mittel- und Südeuropa beheimatete Schwarzwurzel war bis zum Mittelalter nur als Heilpflanze gegen Schlangenbisse und Pest von Bedeutung. Erst seit dem 18. Jh. wird sie auch als Gemüsepflanze kultiviert, womit sie die bis dahin genutzte, relativ ähnliche Haferwurzel verdrängte. Heute wird die Schwarzwurzel – insbesondere für die Nasskonservenindustrie – in Belgien, Holland und Frankreich angebaut.
Sie ist mehrjährig, wird als Gemüse aber ein- oder anderthalbjährig kultiviert. Im zweiten Jahr bildet sie einen bis zu 1,2 m hohen Blütenschaft mit gelben, duftenden Korbblüten aus.

Sorten

Im Hobbybereich sind nur wenige Sorten im Handel. Als alte Standardsorten gelten: „Einjährige Riesen" und „Hoffmanns schwarzer Pfahl".

Kultur und Pflege

Die Schwarzwurzel bildet etwa 30 cm lange Pfahlwurzeln aus. Sie benötigt dafür lange Zeit und wird daher schon im März/April ausgesät: Saattiefe 3 bis 4 cm; Reihenabstand 25 bis 30 cm, in der Reihe auf 4 bis 5 cm vereinzeln. Beim Anbau sollte unbedingt darauf geachtet werden, dass der Boden tiefgründig, steinfrei, leicht und sandig-humos ist. Denn jedes „Hindernis" im Boden verursacht krumme oder beinige Wurzeln. Aus diesem Grund empfiehlt es sich, auch die groben Reste von Vorfrüchten (z. B. Kohlstrünke) zu entfernen. Eine tief wurzelnde Gründüngung mit Lupinen im Vorjahr wirkt sich übrigens vorteilhaft aus, sodass danach nicht weiter gedüngt werden muss.
Die Schwarzwurzel zählt zu den Schwachzehrern, sollte in ihrer Hauptwachstumszeit im Sommer jedoch mit ausreichend

Wasser versorgt werden, um einer Verholzung der Wurzeln entgegenzuwirken.

Problematisch kann der Pilzbefall der Blätter mit Echtem Mehltau sein. Tritt er schon im Frühsommer auf, so sollten biologische Mittel wie beispielsweise Bio-Blatt, Milsana oder Mehltauschreck zum Einsatz kommen. Ein Spätbefall wirkt sich glücklicherweise auf den Ertrag nicht mehr negativ aus.

Vorsicht:
Sobald die Wurzeln bei einer Bodenlockerung oder der Ernte beschädigt werden, bluten sie aus, verholzen an dieser Stelle und sind weniger gut lagerfähig.

Ernte

Sobald die Blätter im Oktober anfangen abzusterben, kann die Ernte bis zum nächsten Frühjahr erfolgen. Dabei müssen die Pflanzen zum Überwintern nicht abgedeckt werden. Die langen Wurzeln sollten vorsichtig mit einem Spaten oder einer Grabgabel ausgehoben werden.

***Achtung:** Schwarzwurzeln sind wühlmausgefährdet!*

Verwendung und Tipps

Schwarzwurzeln lassen sich wie Spargel zubereiten („Spargel des kleinen Mannes“).
Sie sollten zunächst abgebürstet und danach dünn geschält werden. In Essig- bzw. Zitronenwasser gelegt, werden sie an der Luft nicht braun, und können gekocht werden. Alternativ lassen sich die Wurzeln auch unbearbeitet 20 bis 25 min in mit Essig und Kümmel gewürztem Wasser garen, um anschließend kalt abgeschreckt zu werden. Wie bei Pellkartoffeln lässt sich die Wurzelhaut dann leicht abziehen.
Viele scheuen die Frischverwertung dieses wertvollen Wintergemüses, da die klebrige Milch aus der Rinde der Wurzel, die mit zahlreichen Milchröhren durchzogen ist, auf der Haut dunkelgelbe Flecken hinterlässt. Trägt man beim Putzen keine Gummihandschuhe, so sind die Flecken mit Zitronensaft leicht zu entfernen.
Die Schwarzwurzel ist durch den Gehalt an verschiedenen Glykosiden wie Inulin und Asparagin besonders gesund. Sie enthält zudem viele Mineralstoffe sowie B-Vitamine und kann somit auch als Schonkost empfohlen werden.

Übersicht

ERNTE	*Frühjahr*	*Sommer*	*Herbst*	*Winter*
VERWENDUNG	*Wurzeln*			
	mehrjährig, einjährig (als Gemüse)			

Spargelerbse

Tetragonolobus purpureus bzw. Psophocarpus tetragonolobus, Schmetterlingsblütler (Fabaceae) Flügelerbse

Herkunft und Botanisches

Die Spargelerbse ist eine sehr alte Kulturpflanze, die zur Gattung *Lotos* gehört und so mit anderen heimischen Pflanzen wie z.B. dem Hornklee verwandt ist. Die einjährige Spargelerbse stammt aus dem Mittelmeergebiet, wo sie auf den Feldern auch überwintern kann und dann im Frühjahr blüht; in unseren Wintern erfriert sie aber meist. Die Pflanze ist auf Grund ihrer vielen, leuchtend roten Blüten sehr attraktiv und wird gelegentlich noch in England kultiviert. Früher war sie auch bei uns als Gemüse weit verbreitet.

Der Name Flügelerbse deutet auf die vierkantigen Hülsen hin, die an den Rändern Ausbuchtungen der Haut tragen und damit tatsächlich an Flügel erinnern. Da der Geschmack der Hülsen etwas an Spargel erinnert, bzw. früher alle essbaren Sprosse als „Spargeln" bezeichnet wurden, bekamen sie den Namen Spargelerbsen.

Sorten

Keine.

Kultur und Pflege

Die Pflanze benötigt einen leichten, nährstoffreichen und kalkhaltigen Boden in sonniger und offener Lage. Eine gleichmäßige Bodenfeuchte ist von Vorteil, da die Hülsen sonst zäh werden. Wie bei anderen Erbsen auch kann zwischen Mitte April und Mitte Mai gesät werden. In rauen Gegenden ist eine spätere Aussaat möglich, ansonsten sollte anfangs Vlies aufgelegt werden: Reihenabstand 50 cm, in der Reihe auf 25 cm ausdünnen, Saattiefe 2 bis 3 cm. Reiser oder Haltedrähte

werden für diese Pflanzen, die nur etwa 40 cm hoch werden, nicht benötigt. Die Pflanze wächst buschig, auf dem Grund kriechend mit mehreren, 30 bis 40 cm langen Trieben.

Die attraktiven purpur-dunkelroten Blüten stehen einzeln oder zu zweit an den Stängeln. Sie werden durch Insekten bestäubt, können sich aber auch selbst bestäuben. Durch ihren hohen Zierwert passt die Spargelerbse ebenso gut als Bodendecker mit ins Blumenbeet.

Ernte

Die Ernte beginnt bereits, wenn die jungen Hülsen eine Länge von 2 bis 4 cm erreicht haben. Nur diese sehr jungen Hülsen sind im Ganzen ähnlich den Zuckererbsen zu genießen. Wenn sich die Hülsen, die 5 bis 6 cm lang werden, noch im rohen Zustand leicht durchbeißen lassen, haben sie die richtige Erntereife erlangt und noch keine zähe Zelluloseschicht ausgebildet. Durch laufendes Beernten wird die Erntezeit, die normalerweise zwischen Juni und August anfällt, verlängert.

Verwendung und Tipps

Spargelerbsen werden wie Zuckererbsen, grüne Bohnen oder Spargel zubereitet. Früher wurden die reifen Samenkörner geröstet und als Kaffeeersatz verwendet; daher hat die Spargelerbse auch den Zusatznamen „Kaffee-Erbse“. Die Samenkörner können zudem an alle Tierarten verfüttert werden.

Übersicht

ERNTE	*Frühjahr*	*Sommer*	*Herbst*	*Winter*
VERWENDUNG	*Hülsenfrüchte*			
	einjährig			

Speiserübe

Brassica rapa ssp. rapa, Kreuzblütler (Brassicaceae)

Unter dem Sammelbegriff „Speiserübe" lassen sich mehrere Gemüsearten der verschiedensten Sorten zusammenfassen:

a) Mairübe
Synonym: Navette
Ihr Name ist auf die Tatsache zurückzuführen, dass die Mairübe bei einer frühen Aussaat im Frühjahr bereits im Mai erntefertig ist.

b) Herbstrübe
Synonyme: Weiße Rübe, Stoppelrübe, Wasserrübe, Turnip
Sie erhielt ihren Namen, weil sie nach der Ernte von Wintergetreide in das ungepflügte Stoppelfeld gesät wird; „Wasserrübe" charakterisiert den hohen Wassergehalt der Rüben.

c) Teltower Rübchen
Synonyme: Märkische Rübe, Kleine Speiserübe
Namensgeber für diese Gruppe war das südlich von Berlin gelegene Städtchen Teltow.

d) Stielmus
Synonym: Rübstiel
Da bei dieser Gruppe vorwiegend die Stiele (mit Blättern) verwendet und z.T. auch zu Mus verkocht werden, wird diese Speiserübe als „Stielmus" bezeichnet.

Herkunft und Botanisches

Die Mairübe stammt vermutlich aus dem afrikanischen Mittelmeerraum und war als Speiserübe schon im griechischen und römischen Altertum bekannt. In Nordamerika eingeführt wurde sie bis 1800 von Weißen und Indianern angebaut. Bei uns galt sie zusammen mit der Kohlrübe vor der Einführung der

Kartoffel gerade in Notzeiten als besonders wichtiges Nahrungsmittel und Viehfutter. Heute ist die Speiserübe hier zu Lande nur von geringer bzw. lokaler Bedeutung (Rübstiel im Rheinland, Stielmus in Westfalen). Ganz anders dagegen in den USA (Turnips), China, Japan, Italien, Frankreich (Navetten) und Großbritannien: Dort findet man große Anbauflächen mit Speiserüben.

Übrigens erlangten Speiserüben bereits literarische Berühmtheit: Goethe beispielsweise pries in seinem Brief an einen guten Freund die Teltower Rübchen als wahre Leckerbissen – eine Spezialität in und um Berlin. Schon um 1700 wurden sie als Delikatesse an europäischen Fürstenhöfen geschätzt.

Speiserüben sind ein- oder zweijährige, winterharte Pflanzen. Sie entwickeln eine Blattrosette, aus der nach einem Kältereiz ein Stängel mit gelben Blüten herauswächst. Der Kältereiz kann schon in sehr jungem Zustand aufgenommen werden, sodass zu früh gesäte Rüben durchaus vorzeitig schossen können. Von der nahe verwandten Kohlrübe lässt sich die Speiserübe besonders gut anhand der Blätter unterscheiden: Bei den Speiserüben sind sie hell- bis grasgrün und behaart, bei den Kohlrüben bläulichgrün, mit Wachs überzogen und unbehaart. Ansonsten variieren die Arten und Sorten sehr stark in Form und Farbe.

zu a) Die *Mairübe* hat eine rein weiße, weißviolette oder goldgelbe Rinde, weißes bzw. gelbes Fleisch und ist relativ klein und kugelig.

zu b) Die *Herbstrübe* ist größer als die Mairübe, weiß- oder gelbfleischig, aber grün- oder rotköpfig, rund, und herber im Geschmack.

zu c) *Teltower Rübchen* sind kleine, halblange Rüben (7-10 cm), die entweder rundlich mit unten spitz zulaufendem Ende oder birnenförmig sein können. Aber es gibt sie auch in plattrunder, bauchig verdickter Form. Sie sind weißfleischig und haben teilweise eine bräunliche Schale.

zu d) *Rübstiel* sät man so eng, dass sich keine Rübchen ausbilden können. Man isst die jungen, zarten Blätter mit ihren langen Stielen als Gemüse.

Sorten

zu a) „Plattrunde Weiße", „Holländische Weiße", „Goldball", „Tokyo Cross"

zu b) „Market Express", „Schneeball", „Goldvital", „Ochsenhörner", „Teutonengold", „Teutoburger", „Samson"

zu c) „Petrowski", „Teltower Kleine"

zu d) „Holländische Weiße", „Namenia", „Hymenia", „Geslu"

Kultur und Pflege

zu a) Die *Mairübe* wird wie das Radieschen angebaut. Zwischen März und Anfang April wird bei einer Saattiefe von 1 bis 2 cm im Reihenabstand von 20 bis 25 cm möglichst dünn gesät. Die Aussaat kann auch noch im Spätsommer von Mitte Juli bis Mitte August erfolgen. Zu beachten ist jedoch, dass spätere Saaten schnell schossen.

zu b) Die *Herbstrübe* kann bis Mitte August angebaut werden. Abhängig von der jeweiligen Sorte und gewünschten Rübengröße erfolgt die Aussaat im Reihenabstand von 30 bis 40 cm, in der Reihe sollte auf 20 bis 30 cm vereinzelt werden.

zu c) *Teltower Rübchen* lieben einen sandigen, leichten und humosen Boden. Sie können sowohl im Frühjahr als auch im Spätsommer gesät werden: Reihenabstand 20 cm, Saattiefe 2 bis 2,5 cm, in der Reihe auf 10 cm vereinzeln.

zu d) Die Aussaat von *Rübstiel* sollte im März/April im Reihenabstand von 15 bis 20 cm erfolgen – und zwar dicht (2 bis 4 g/m²). Er lässt sich allerdings auch im Spätsommer (Aussaat August) noch anbauen.

Speiserüben sollten nicht mit frischem organischem Dünger versorgt werden (halbreifer Kompost oder Mist) und auch sonst sparsam bzw. – als Nachkultur in einem gut versorgten gärtnerischen Boden – gar nicht gedüngt werden.

Achtung:
Alle Speiserüben können von Kohlhernie befallen werden, achten Sie deshalb auf einen ausreichend weiten Fruchtwechsel (zeitlicher Abstand zu sich selbst und anderen Kreuzblütlern). Ab Mitte April sind die Rüben stark durch die Maden der Kohlfliegen gefährdet und werden bei Befall unbrauchbar. Dem kann man im Frühjahr durch eine Vlies-Auflage, ab Mai mit einem Kulturschutznetz vorbeugen. Leider sind die zarten Blätter der Rübchen und vom Rübstiel im Frühjahr auch bei den Erdflöhen sehr begehrt. Dagegen hilft, den Boden gleichmäßig feucht zu halten, häufig zu hacken, eventuell Gesteinsmehl zu stäuben, oder die Erdflöhe mit einem „Erdflohfänger", den man selbst basteln kann, abzufangen. Bestreichen Sie dazu ein 20 cm breites Brett (einen Stiel zum Anfassen nicht vergessen!) mit Insektenleim oder tackern Sie Gelbtafeln auf. Bringen Sie zuunterst eine Bordüre an, mit der Sie vorsichtig über die Blätter streifen. Durch die Bewegung springen die kleinen Käfer hoch und bleiben kleben.

Ernte

Die Ernte erfolgt je nach Sorte und Anbauzeitraum: *Mairübchen* sind erntefertig, sobald sie die Größe von Radieschen erreicht haben. *Rübstiel* kann bereits in sehr jungem Zustand geerntet werden, wobei der Ertrag dann eher gering ist. Jedenfalls sollte vor der Blütenbildung geschnitten werden, da die Blätter sonst hart werden. Lässt man beim Rübstiel das Herz stehen, so treiben die Pflanzen wieder aus, und man kann bis zur Blütenbildung ein weiteres Mal ernten.
Teltower Rübchen, die im Frühjahr gesät wurden, können im Sommer geerntet werden, bei Aussaat im Spätsommer erfolgt die Ernte bis in den Spätherbst hinein.
Im Herbst geerntete *Herbstrüben* lassen sich, in Sand eingeschlagen, in einem kühlen Raum lagern.

Verwendung und Tipps

zu a) Die *Mairübe* kann wie das Radieschen roh verwendet oder gedünstet werden. Roh erinnert sie im Geschmack auch ein wenig an Radieschen, ohne jedoch im Frühjahr deren Schärfe zu haben. Gekocht lässt sich der Geschmack mit

Kohlrabi vergleichen. Das Laub kann ebenfalls mit verwendet werden.

zu b) Die geschälte *Herbstrübe* lässt sich kochen, gratinieren, backen oder grillen. Allerdings ist ihr Geschmack (je nach Sorte) durch das enthaltene Senföl ziemlich intensiv und erinnert an Rettich. In gekochtem, püriertem Zustand eignet sich die Herbstrübe gut zum Binden von Gemüsecremesuppen. Darüber hinaus können Herbstrüben auch eingeschnitten und wie Sauerkraut milchsauer eingelegt werden.

Übrigens: Die im Handel erhältlichen japanischen Hybridsorten von Mai- und Herbstrübe („Tokyo Cross", „Market Express") schmecken angenehm süßlich und lassen sich mit ihrem kohlrabiartigen Geschmack gut als Rohkost verwenden.

zu c) *Teltower Rübchen* gelten als Delikatessen. Sie besitzen einen milden, etwas süßlichen Geschmack, mit einer leicht scharfen, rettichartigen Note, ältere Rübchen schmecken stark nach Kohl. Junge Pflänzchen von 3 bis 5 cm Durchmesser brauchen nicht geschält zu werden, größer gewachsene werden unmittelbar vor der Zubereitung geschabt (bei längerem Liegen laufen sie schwarz an). Sie können zerkleinert, in Salzwasser gedünstet und mit etwas Zucker und Essig abgeschmeckt werden.

zu d) Die *Rübstiel*pflanzen werden – mit Ausnahme der Wurzeln – zerkleinert, in wenig Wasser gedünstet und mit Milch, Salz und Pfeffer abgeschmeckt. Im Rheinland kocht man sie mit Kartoffeln zusammen und macht Mus daraus. Beim Kurzzeitgaren bleibt der Geschmack besser erhalten – deshalb eignet sich Rübstiel auch sehr gut zur Zubereitung im Wok. In fein geschnittener Form lässt sich Rübstiel roh ebenfalls als Salat zubereiten.

Übersicht

ERNTE	*Frühjahr*	*Sommer*	*Herbst*	*Winter*
VERWENDUNG	*Rüben, Blattstiele (je nach Sorte)*			
	einjährig, zweijährig			

Zuckerwurzel

Sium sisarum var. sisarum, Doldenblütler (Apiaceae)
Süßwurzel

Herkunft und Botanisches

Die Zuckerwurzel, eine uralte, ausdauernde Staude, ist in China beheimatet. Früher, als Zucker noch eine Rarität und deshalb teuer war, wurde die Nutzpflanze wegen ihres süßen Wurzelfleisches (6 bis 8 % Zuckergehalt) auch in Mitteleuropa häufig angebaut, heute schmeckt sie manchem zu süß. Die Pflanze wird mit Blütenständen (Blütezeit Juli/August) bis etwa 1,20 m hoch und blüht wie die Möhre in weißen Dolden.

Sorten

Keine.

Kultur und Pflege

Die Aussaat sollte ab April (es kann auch im Herbst noch gesät werden) im Reihenabstand von 30 bis 40 cm erfolgen, in der Reihe auf 15 bis 20 cm vereinzeln. Es empfiehlt sich, das Saatgut 24 Stunden in lauwarmem Wasser vorquellen zu lassen, um es dann direkt auszusäen. Die Keimzeit beträgt vier bis fünf Wochen. Wie die Schwarzwurzel bildet auch die Zuckerwurzel bis zu 30 cm lange Wurzeln aus. Sie bevorzugt einen sandigen und humosen Boden, die Kulturführung ähnelt der der Pastinake. Die Zuckerwurzel zählt zu den Schwachzehrern, benötigt im Sommer jedoch viel Wasser.

Ernte

Zuckerwurzeln sind winterfest und können vom Herbst bis zum Frühjahr geerntet werden. Alternativ lassen sie sich auch in einem Erntegang roden und dann in Sand eingeschlagen in einem kühlen Raum lagern. Die Wurzeln sind häufig gekrümmt und weisen Einschnürungen auf. Da sie leicht brechen, sollte die Ernte mit der Grabgabel besonders vorsichtig erfolgen! Die weißlichen, 2 bis 3 cm dicken Wurzeln bestehen aus Büscheln von je zehn bis 15 Einzelwurzeln, deshalb erinnern sie ein wenig an Dahlienknollen.

Verwendung und Tipps

Auf Grund der fehlenden kommerziellen Bedeutung dieses alten Gemüses sind die Sorten noch sehr ursprünglich, was den Nachteil hat, dass in der Mitte der Wurzel eine mehr oder weniger dicke Ader verläuft, die entfernt werden sollte. Zubereiten lässt sich die Zuckerwurzel wie die Möhre oder die Schwarzwurzel. Ihr Fleisch, das roh oder gekocht gegessen werden kann, schmeckt süß und mehlig. Die Zuckerwurzel ist deshalb nicht so sehr als „Suppengrün" geeignet. Früher wurde sie gerne zur Herstellung von süßem Brei verwendet, die Wurzelstücke lassen sich nach dem Kochen aber auch braten oder in einem Teig ausbacken.

Übersicht

ERNTE	*Frühjahr*	*Sommer*	*Herbst*	*Winter*
VERWENDUNG	*Wurzeln*			
	mehrjährig, einjährig (als Gemüse)			

Bartnelke

Dianthus barbatus, Nelkengewächse (Caryophyllaceae)
Tausendschön, Büschelnelke

Herkunft und Botanisches

Die Bartnelke ist eine uralte Bauerngartenpflanze, deren duftende Blüten in allen Nuancen zwischen Weiß und Dunkelrot seit Jahrhunderten eine sommerliche Zierde in unseren mitteleuropäischen Gärten bildet. Nur wenige Pflanzen wurden von vornherein als Zierpflanzen kultiviert, da früher bei der Auswahl der Gartenpflanzen normalerweise der Nutzen als Nahrungs- oder Heilpflanze im Vordergrund stand. Bartnelken, die auf den ersten Blick eigentlich nicht an Nelken erinnern, haben wohl mit ihren oftmals sehr schön gezeichneten Blüten die Gärtner von Anfang an so begeistert, dass ein Bauerngarten ohne diese Blumen seit ihrer Einführung im 16. Jahrhundert fast undenkbar scheint. In dieser Zeit entstand vermutlich auch der volkstümliche Name „Tausendschön“, um der Vielzahl der herrlich duftenden Einzelblüten, die in so genannten Trugdolden angeordnet sind, gerecht zu werden. Der Name „Tausendschön“ sollte aber nicht einfach besetzt bleiben, denn auch das Gänseblümchen (*Bellis perennis*) wird des Öfteren als „Tausendschönchen“ bezeichnet.

Die Bartnelke gehört der äußerst umfangreichen Gattung *Dianthus* (Nelke) an, zu der auch die bekannten Garten-, Pracht- und Federnelken zählen. Das Entwicklungszentrum der Nelken wird im Mittelmeerraum vermutet, von wo aus sie ihren Siegeszug bis nach Ostasien, zum Himalaja, nach Europa und ins tropische Afrika antraten. Von den etwa 300 Arten werden bevorzugt sonnige Felsenstandorte besiedelt, was die Vorliebe unserer Gartennelken für durchlässige und leicht kalkhaltige Böden erklärt.

Arten und Sorten

Dianthus barbatus: Bartnelke
Im Handel sind zahlreiche gefüllte und ungefüllte Mischun-

gen aus verschiedenen Sorten erhältlich, deshalb an dieser Stelle nur eine Auswahl:

Einjährige Sorten
- *Red Empress: scharlachrot, 40 cm*
- *Hollandia: vielfarbige Mischung, 60 cm*

Zweijährige Sorten
- *Pink Beauty: lachsrosa*
- *Albus: rein weiß*
- *Scarlet Beauty: scharlachrot*
- *Indianerteppich: vielfarbige Mischung, 25 cm*

Kultur und Pflege

Normalerweise werden Bartnelken als zweijährige Pflanzen gezogen. Die Aussaat erfolgt im Juni in ein Frühbeet und die kräftigsten Keimlinge werden ab August an einen möglichst sonnigen Standort mit durchlässigem, nährstoffreichem Boden verpflanzt. Die Pflanzen entwickeln während einer Vegetationsperiode große Blattrosetten, mit denen sie überwintern, sodass in frostigen Lagen ein Winterschutz aus Reisig angebracht ist. Im Folgejahr erscheinen dann etwa ab Juni die ersten Blüten. Einjährige Sorten werden im März bei etwa 15 bis 20° C in Aussaatschalen vorgezogen und ab Mitte Mai ins Freiland gesetzt.
Sehr einfach ist die Vermehrung bei einfachblütigen Sorten über Samen. Die Samenstände werden im Herbst gesammelt und ein paar Tage getrocknet. Die auffällig kleinen Samen lassen sich dann leicht ausschütteln und bis zur nächsten Aussaat im Frühjahr trocken aufbewahren. Die weltweite Verbreitung einiger Nelkengewächse wird übrigens den äußerst kleinen Samen zugeschrieben, die eine Verschleppung über große Entfernungen leicht möglich machen.

Verwendung und Tipps

Der Name Tausendschön kommt erst richtig zur Geltung, wenn die Bartnelken in üppigen Gruppen an einem sonnigen Platz gepflanzt werden, und von Zeit zu Zeit als herrlich duftende Schnittblumen in die Vase kommen. Auch die traditionelle Beetumrandung der Bauerngärten kann mit Bartnelken vortrefflich gestaltet werden. Da sich die Pflanzen leicht selbst

aussäen, eignen sie sich auch für Gartenbereiche, die möglichst naturnah angelegt werden.
Durch feuchtes Wetter und undurchlässigen Boden wird der Befall der Pflanzen durch den so genannten Bartnelkenrost begünstigt. Sollten die typischen Symptome auftreten, erkennbar an gelblichen Flecken auf den Blattoberseiten gepaart mit unterseitigen schwarzen Sporenlagern, so kann man die befallenen Pflanzen nur vernichten. Das betroffene Grün sollte selbstverständlich nicht auf dem Kompost landen, da ansonsten die Verbreitung der Krankheit begünstigt wird.

Übersicht

ANSPRUCH	*Sonne*
BLÜTE	Jan, Feb, März, April, Mai, **Juni, Juli, Aug**, Sept, Okt, Nov, Dez
BODEN	*durchlässig, nährstoffreich*
	einjährig, zweijährig

CHRISTROSE

Helleborus, Hahnenfußgewächse (Ranunculaceae)
Schneerose, Winterrose, Feuerwurzel, Schwarzer Nießwurz

Herkunft und Botanisches

Als Heil- und Zauberpflanze gelangte die Christrose (*Helleborus niger*) bereits im Mittelalter aus ihrer Heimat, den südlichen und östlichen Kalkalpen über die Klostergärten in die heimischen Bauerngärten. In Deutschland kommt sie wild nur noch in einem Teil der Berchtesgardener Alpen vor und ist streng geschützt.
Bereits in der Antike waren die Heilwirkungen von *Helleborus* bekannt. So wurden Nießwurzarten von Hippokrates als abführendes und harntreibendes Mittel verabreicht. Der griechische Gattungsname *Helleborus* weist auf die starke Giftigkeit der Pflanze hin. Er setzt sich zusammen aus „helein" für töten und „bora" für Speise. Drei reife Samenkapseln haben schon zu ernsthaften Vergiftungen geführt. Der deutsche Name „Christrose" bezieht sich auf die Blütezeit dieser Art um Weihnachten, während die weniger liebliche Bezeichnung „Nießwurz" auf die altertümliche Verwendung als Nießpulver zurückgeht. So ist *Helleborus niger* noch heute ein Bestandteil des Schneeberger Schnupftabaks.
Als Vertreter der Hahnenfußgewächse sind die Christrose und ihre Verwandten immergrüne Stauden, die je nach Art zwischen Dezember und April äußerst attraktive Blüten hervorbringen. Die Palette der Blütenfarben erstreckt sich von rein weiß (*H. niger*) über rosa und purpurrot (*H. orientalis*) bis hin zu unscheinbaren Grüntönen (*H. foetidus*). Neuerdings gibt es auch gefüllt blühende Züchtungen von *H. orientalis*.

Arten und Sorten

Helleborus niger: Christrose, Schneerose
- *Praecox, Allerseelen: früh blühende Sorten*
- *Grandiflorus, Maximus: spät blühende Sorten*

Helleborus foetidus: Stinkender Nießwurz

***Helleborus orientalis*: Bunte Lenzrose**
im Handel oft als Helleborus-Hybride

***Helleborus argutifolius*: Wildart aus Korsika**

Helleborus multifidus
charakteristisch durch stark gefiedertes Laub

Kultur und Pflege

Die meisten Helleborusarten sind ausdauernd und bevorzugen einen nicht sauren, kalkhaltigen Boden. Hier macht sich die Herkunft aus den Kalkalpen und dem südöstlichen Europa bemerkbar. Der optimale Standort für ein Helleborusbeet sollte halbschattig bis leicht sonnig sein – wie am Waldrand.
Für die Züchtung eignet sich am besten *H. orientalis*. Zur Bestäubung nimmt man mit einem Pinsel vorsichtig Pollen von den Staubblättern einer Blüte ab und überträgt sie auf die Narben (die weiblichen Blütenblätter) einer anderen Blüte der gleichen Pflanze. In diesem Fall wird also eine Eigenbefruchtung vorgenommen und die Sorte reingezüchtet. Natürlich kann man auch versuchen, unterschiedliche Arten zu kreuzen. Wichtig ist dabei, verschiedene Blüten zu nehmen, da eine Blüte, die Pollen produziert, nicht mehr empfängnisbereit ist. Die Blüten einer Pflanze befinden sich also alle in verschiedenen Reifestadien.
Bei erfolgreicher Bestäubung entwickeln sich nach einigen Wochen die für Hahnenfußgewächse typischen Balgfrüchte. Die darin enthaltenen Samen bedürfen in jedem Fall eines Kälteschocks, um den Impuls zur Keimung zu erhalten. Nach erfolgreicher Keimung dauert es weitere drei Jahre bis zur ersten Blüte. Helleboruszucht ist somit nur etwas für Geduldige.

Verwendung und Tipps

Die Christrose ist die traditionelle Winterblume schlechthin. Da die Stauden äußerst langlebig sind, lohnt es sich, ein schönes Helleborusbeet mit verschiedenen Sorten und vielleicht auch seltenen Wildarten anzulegen. So mancher ist hier schon zum Fan und Sammler geworden.

Nicht verschwiegen werden sollte die Schwarzfleckenkrankheit, eine Pilzerkrankung, die sich ausgehend von braunschwarzen Flecken auf den Laubblättern langsam über die ganze Pflanze ausbreiten kann. Das befallene Laub sollte bereits bei den ersten Anzeichen entfernt und sofort entsorgt werden (nicht kompostieren!). Besonders sinnvoll ist es, vorbeugend vor dem Neuaustrieb konsequent alle alten Blätter abzuschneiden.

Übersicht

ANSPRUCH	*Halbschatten/Schatten*
BLÜTE	Jan, Feb, März, April, Mai, Juni, Juli, Aug, Sept, Okt, Nov, Dez
BODEN	*kalkhaltig, humos*
	mehrjährig, giftig

Enzian

Gentiana, Enziangewächse (Gentianaceae)

Herkunft und Botanisches

Mit über 300 Arten stellt die Gattung *Gentiana* eine relativ große, aber recht homogene Gruppe dar. Der heimische gelbe Enzian (*Gentiana lutea*) war bereits im Mittelalter als allgemeines Stärkungsmittel und für Mythen und Rituale beliebt. Die gesundheitliche Wirkung der Bitterstoffe aus der Wurzel beruht nach heutigen Erkenntnissen vor allem auf der Förderung der Verdauung und wirkt appetitanregend. Teeaufgüsse aus getrockneten Blättern sind alkoholischen Produkten (Enzianschnaps) vorzuziehen, weil die Inhaltsstoffe bei der alkoholischen Gärung biochemisch abgebaut und somit wirkungslos werden. Verbreitungsschwerpunkte der Enziane sind die Bergregionen der Eurasischen Gebirge, obwohl es durchaus auch Arten im Flachland gibt. Für viele ist der klassische Enzian verbunden mit den frühlingsblühenden Arten der Alpen oder mit dem Gelben Enzian für die Schnapsherstellung. Kaum bekannt ist aber, dass eine große Zahl Enziane auch im Herbst blüht. Viele Arten sind ausgesprochene Standortspezialisten und haben in unseren Gärten praktisch keine Überlebenschance. Das gilt auch für Pflanzen, die in der freien Natur ausgegraben werden, da sie offensichtlich von speziellen Bodenorganismen abhängen. Außerdem sind alle Arten geschützt. Raritätengärtnereien bieten trotzdem eine ganze Reihe von Arten mit insgesamt rund 400 Sorten an, darunter auch viele Kreuzungen, die alle gärtnerisch vermehrt und an unsere Gartenbedingungen angepasst sind, manche aber nur in der Hand erfahrener Liebhaber. Ihrer gebirgigen Herkunft entsprechend sind viele Arten sehr flache Stauden, hohe Arten wie der Schnapsenzian oder der Schwalbenwurzenzian sind eher die Ausnahme. Die Blütenfarbe umfasst alle Blautöne und reicht von rein weiß bis hin zu tief dunkelblau, einfarbig oder gestreift. Nur wenige sind gelb oder purpurn. Ihr Zierwert für den Garten liegt in der recht großen Blüte mit guter Fernwirkung. Steingärten und alpine Staudenrabatten

sind dabei ideale Standorte. So vielfältig wie die Arten, so verschieden sind auch die Ansprüche an den Boden: Der allgemein verbreitete Glaube, Enziane brauchen Kalk, ist nur für einige heimische Arten richtig, denn viele europäische und asiatische Vertreter gedeihen nur auf sauren Böden.

Arten und Sorten

Bei *Gentiana acaulis*, früher stängelloser Enzian, heute Koch'scher Enzian genannt, gibt es alleine über 30 Sorten in verschiedensten Blautönen. In seinem natürlichen Vorkommen in den Alpen findet man ihn meist auf Urgestein, in gärtnerischer Kultur sind die Bodenansprüche aber nicht ganz so eng. Der Koch'sche Enzian ist als typischer Frühlingsblüher der Inbegriff des Enzians schlechthin.

Gentiana clusii, ebenfalls einheimisch, besetzt mit kalkigen Standorten die zweite große ökologische Nische in den Alpen, ist sonst der vorigen Art aber ähnlich.

Gentiana sino-ornata und *G. farreri* mit Kreuzungen bilden die Gruppe der herbstblühenden Formen mit Ostasien als Heimat: Sie lieben sauren Boden wie die Rhododendren, die ja aus den gleichen Lebensräumen stammen und blühen an sonnigen Standorten je nach Sorte – die Zahl dürfte bei etwa 120 liegen – von August bis Dezember.

Kultur und Pflege

Die meisten Enziane sind ideale Steingartenpflanzen oder eignen sich für sonnige Beete mit Kleinstauden sowie für Tröge. Sie lieben es, wenn sie lange Zeit in Ruhe gelassen werden, einige Arten können deshalb nur im jungen Zustand verpflanzt werden. Viele Sorten sind anspruchslose Schwachzehrer und relativ tolerant gegenüber der Bodenreaktion, genaue Standortbedingungen sind beim Kauf aber stets zu erfragen.

Verwendung und Tipps

Enziane setzen mit ihrem leuchtenden Blau ganz wichtige Akzente im Garten und werden bei richtigem Standort mehrere Jahrzehnte alt. Deshalb sollte man vor dem Pflanzen das Umfeld genau prüfen, weil viele Gehölze schneller als man glaubt ehemals sonnige Stellen beschatten.

Übersicht

ANSPRUCH	*Sonne*
BLÜTE *(je nach Sorte)*	Jan · Feb · März · April · Mai · Juni · Juli · Aug · Sept · Okt · Nov · Dez
BODEN	*durchlässig*
	mehrjährig, einige Sorten einjährig

Federnelke

Dianthus plumarius, Nelkengewächse (Caryophyllaceae)

Herkunft und Botanisches

Auf Grund der fedrig gefransten Blütenblätter erhielt *Dianthus plumarius* den aparten Namen „Federnelke". So wurde sie schon früh zu einer beliebten und weit verbreiteten, klassischen Bauerngartenblume. Vermutlich waren es die wunderbar duftenden Blüten und die Anspruchslosigkeit, die der ursprünglich aus Südosteuropa stammenden Federnelke zum Erfolg verhalfen. In Mitteleuropa angekommen, waren es besonders die Engländer, die durch Auslese und Kreuzung immer wieder neue Sorten mit einzigartigen Blütenzeichnungen herauszüchteten und sich damit in typisch englischem Wettbewerbseifer gegenseitig übertrafen. Vor allem durch die Kreuzung der Federnelke mit *Dianthus caryophyllus*, dem Vorfahren der meisten Gartennelkensorten, wurde die Formen- und Farbenvielfalt der Federnelken enorm erweitert. Es entstanden einfache, halb gefüllte und gefüllt blühende Sorten mit Blüten in allen Schattierungen von Weiß über Rosa bis zu Dunkelrot. Da Rosa in verschiedensten Abstufungen wohl die dominierende Blütenfarbe im Reich der Federnelken darstellt, bezeichneten die Engländer die Federnelken kurzerhand und liebevoll als „Pinks". Im Vergleich zur empfindlichen, traditionellen Gartennelke waren die kleinen zierlichen Federnelken winterhart, was sie für die Pflanzung in den traditionellen Cottage-Gärten prädestinierte. Viele der alten Sorten sind leider verloren gegangen, einige aber wurden in abgelegenen Cottage-Gärten wieder entdeckt und sind mittlerweile wieder für Gartenliebhaber erhältlich.

Arten und Sorten

***Dianthus plumarius*: Federnelke**

- *Morgenlicht: rosa*
- *Ine: weiß mit rotem Ring*
- *Diamant: rein weiß*
- *Heidi: dunkelrot, gefüllt*

Kultur und Pflege

Federnelken bevorzugen wie alle Nelken einen sonnigen Standort mit leichtem, durchlässigem Boden. In vorwiegend schattigen Bereichen blühen Nelken im Allgemeinen weniger und sind auch anfälliger für Krankheiten. Die attraktive blaugrüne bis blaugraue Färbung der Nelkenblätter geht bei zu starker Düngung verloren, also sollte mit Dünger relativ sparsam umgegangen werden. Ein nährstoffarmer, kalkhaltiger Boden ist hier günstig, wobei eine sehr gute Drainage besonders wichtig ist. Nach der Blüte ist es ratsam, die Polster etwas zurückzuschneiden, damit sie auch im nächsten Jahr wieder dicht und kompakt wachsen. Obwohl die meisten Sorten winterhart sind, ist bei einigen englischen Sorten ein Frostschutz, etwa aus Tannenreisig, angebracht. Solch eine winterliche Abdeckung hat zudem den Vorteil, das zarte Grün vor Kaninchenfraß zu schützen.

Die Vermehrung von älteren Pflanzen ist durch Teilung im Herbst sehr einfach möglich. Überhaupt empfiehlt es sich, größere und ältere Pflanzen zu teilen, damit keine Verkahlung auftritt und die Blütenbildung angeregt wird. Wer Jungpflanzen aus Samen ziehen möchte, kann ab März mit der Aussaat in Vorzuchttöpfe oder in ein frostgeschütztes Saatbeet im Garten beginnen. Im Herbst werden die jungen Pflanzen dann an ihren endgültigen Standort gepflanzt.

Verwendung und Tipps

Ob als Beetumrandung oder als überhängender Bodendecker im Steingarten: Federnelken vermitteln immer ein nostalgisches Ambiente, das an alte Bauerngärten erinnern lässt. Bei der Gestaltung eines Steingartens oder einer Trockenmauer ist die Kombination mit Schleierkraut (*Gypsophila repens*) und Sonnenröschen (*Helianthemum*-Hybriden), von denen es ebenfalls äußerst viele farbenfrohe Sorten gibt, sehr ansprechend.

Höhere Federnelkensorten (>30 cm) eignen sich auch sehr gut als Schnittblumen, die mit ihrem intensiven Duft den frischen Sommer hereinbringen. Triebe ohne Blüten können im Sommer nach Entfernung der unteren Blätter leicht zur Stecklingsvermehrung verwendet werden.

Übersicht

ANSPRUCH	*Sonne*											
BLÜTE (je nach Sorte)	Jan	Feb	März	April	Mai	Juni	Juli	Aug	Sept	Okt	Nov	Dez
BODEN	*durchlässig, nährstoffarm*											
	mehrjährig											

Goldlack

Cheiranthus, Erysium, Kreuzblütler (Brassicaceae)
Mainägele, Gelbveigelein

Herkunft und Botanisches

Mit seinem intensiven, veilchenartigen Duft war der aus dem östlichen Mittelmeerraum stammende Goldlack bereits zu römischen Zeiten sehr bekannt und weit verbreitet. Es gab kaum einen Altar, der zu dieser Zeit nicht mit den leuchtend gelben Blüten des Goldlacks geschmückt war. Der wunderbare Duft schien die Dichter Ovid und Horaz derart zu inspirieren, dass sie in ihren Dichtungen von Veilchenfeldern sprachen, obwohl es sich in der Tat um Goldlack- und Levkojenfelder handelte. Der altdeutsche Name „Gelbveigelein“, der in manchen Gegenden noch gebräuchlich ist, bezieht sich in diesem Zusammenhang ebenfalls auf den veilchenartigen Duft der Pflanze.

Etwa im späten Mittelalter hielt der Goldlack auch in unsere Bauerngärten Einzug und wurde seither nicht nur wegen seines hohen Zierwertes und süßen Wohlgeruchs, sondern, wie fast alle Pflanzen zu dieser Zeit, auch wegen seiner Heilkräfte geschätzt. So wurde Goldlack nicht nur für religiöse Feste, sondern auch als Heilpflanze gegen Geschwüre, Fieber und Regelbeschwerden eingesetzt. Heutzutage weiß man, dass die Pflanze ein gefährliches Herzgift (Cheiranthin) enthält, dessen Stärke und Wirkung dem Gift des Fingerhutes vergleichbar ist, also stark giftig und nicht selten tödlich. Solche Inhaltsstoffe sind natürlich für die Wissenschaft äußerst interessant und finden als Bestandteile von Herzmitteln Anwendung in der modernen Medizin.

Botanisch gehört der Goldlack zu den Kreuzblütlern und ist mit etwa zehn Arten vom Mittelmeergebiet bis Persien, Westchina aber auch im pazifischen Nordamerika und auf den atlantischen Inseln verbreitet. In milden Gegenden wächst er zu einem bis zu 80 cm hohen Halbstrauch mit aufrechten, hohen und verholzten Stängeln heran, während er in unserem gemäßigten Klima als zweijährige Sommerpflanze kultiviert wird. Die duftenden Blüten erscheinen von April bis Juni in

dichten Trauben, an denen sie immer von unten nach oben aufblühen. Während die oberen Knospen der Blütenstände häufig noch nicht geöffnet sind, entstehen bereits am unteren Ende die ersten der etwa 3 mm großen scheibchenförmigen Schoten mit den darin befindlichen Samen.
Aus der gelb blühenden Wildform *Cheiranthus cheiri* sind mittlerweile herrliche Sorten mit weinroten, dunkelbraunen, orangefarbenen und auch cremeweißen Blüten gezüchtet worden.

Arten und Sorten

***Cheiranthus cheiri*: Goldlack**
Meist sind Mischungen mit einfachen und gefüllten Sorten im Handel. Zudem wird zwischen niedrigen (20 bis 30 cm), mittleren (40 cm) und hochwüchsigen (>50 cm) Sorten unterschieden.

***Cheiranthus allionii*: Goldlack**
äußerst winterharte Art mit orangefarbenen Blüten

Kultur und Pflege

Die Aussaat der zweijährigen Sommerblumen kann schon ab Mitte Mai direkt ins Freiland erfolgen. Wenn die Jungpflanzen etwa 10 cm groß sind, sollten sie auf ca. 25 cm Abstand vereinzelt werden. Da nicht alle Sorten völlig winterhart sind, ist es in rauen Lagen sinnvoll, die Pflanzen im Frühbeet zu überwintern und erst im Frühling an den endgültigen Standort auszupflanzen. Alternativ kann man die Beete zu Beginn der Winterzeit auch mit einem Frostschutz aus Tannenreisig bedecken.
Auf Grund seiner mediterranen Herkunft bevorzugt *Cheiranthus* natürlich möglichst sonnige Standorte mit einem gehaltvollen, leicht lehmigen Boden. Wer Jungpflanzen im Herbst auspflanzt und überwintert, erreicht eine Blüte im zeitigen Frühjahr. Goldlack sät sich übrigens, einmal in einer Gruppe ausgepflanzt, oft von Jahr zu Jahr selbst aus.

Verwendung und Tipps

Goldlack eignet sich hervorragend, um das bezaubernde Ambiente alter Bauerngärten mit mediterranem Flair aufleben zu

lassen. Ein Sonnenbeet mit einer Mischung aus gefüllten und ungefüllten Sorten in Kombination mit Vergissmeinnicht sieht besonders faszinierend aus, da die Komplementärfarben Gelb und Blau einen wunderbaren Kontrast ergeben.
Selbstverständlich kann man sich während der ganzen Blüte von April bis Juni mit zauberhaften Schnittblumen versorgen und wie bei den Römern das ganze Haus von einem süßen Duft durchströmen lassen.

Übersicht

ANSPRUCH	*Sonne*
BLÜTE	*Jan Feb März April Mai Juni Juli Aug Sept Okt Nov Dez*
BODEN	*durchlässig, kalkhaltig, leicht lehmig*
	zweijährig

Hartriegel

Cornus L., Hartriegelgewächse (Cornaceae)

Herkunft und Botanisches

Die etwa 40 bis 50 Arten der Gattung *Cornus*, zu Deutsch Hartriegel, sind überwiegend sommergrüne, d.h. Laub abwerfende Sträucher, seltener Bäume und kommen gelegentlich auch als Boden deckende Stauden vor (z.B. *Cornus canadensis*). Die Blüten sind meist unscheinbar, drei Arten besitzen jedoch spektakuläre Hochblätter, die echten Blütenblättern in nichts nachstehen. Die Früchte, manche davon sogar essbar, sind buntgefärbte Steinfrüchte, einzeln oder in kleinen Dolden und je nach Art weiß, blau, rot oder schwarz gefärbt. Die Blumenhartriegel haben kugelige, rote, fleischige Sammelfrüchte von erheblichem Zierwert. Hartriegel sind über die gesamte nördliche Erdhalbkugel verbreitet, Schwerpunkt ist jedoch Asien. Einige einheimische Arten sind seit alters her beliebte Heckensträucher, sei es als frei wachsendes Feldgehölz oder als gut schneidbares Gartengehölz. Viele Hartriegelarten besitzen eine spektakuläre Herbstfärbung.

Arten und Sorten

***Kornelkirsche** (Cornus mas): Heimischer Großstrauch, der wegen seiner frühen, leuchtend gelben Blütchen das Gartenjahr einläutet und für Insekten eine wichtige Nahrungsquelle darstellt. Unentbehrlich für den naturnahen Garten auch als Nistgehölz und im Herbst als wertvolle Nahrungsquelle vor allem für Zugvögel. Die Kornelkirsche besitzt kirschrote Früchte, die früher in der Küche Verwendung fanden, die aber wegen ihres sauren Beigeschmacks heute kaum noch gegessen werden, obwohl sie Marmeladen durchaus interessante Geschmacksnuancen verleihen.*

***Weißer Hartriegel** (Cornus alba): Ein Großstrauch des östlichen Europas, der allerdings später blüht. Der eigentliche Gartenwert besteht hier vor allem in seinem hohen Zierwert im Winter. Die Rinde von Cornus alba (lateinisch: weiß) ist leuchtend rot, der Name bezieht sich*

also nicht auf die Rinde, sondern auf die kleinen weißen Früchte. Buntlaubige Sorten wie argenteomarginata (silber gerandet) verleihen dem Strauch im Sommer zusätzlichen Zierwert.

*Die **Blumenhartriegel** sind jedoch die interessantesten Vertreter dieser Gruppe. Zwei Arten, Cornus nutallii aus dem Westen und Cornus florida aus dem Osten Nordamerikas sind bei uns jedoch nur im Weinbauklima völlig winterhart und auch sonst unkompliziert. Star der gesamten Hartriegel-Sippe ist zweifellos Cornus kousa, der asiatische Blumenhartriegel mit den Unterarten kousa aus Japan und chinensis aus China. Insbesondere Cornus kousa chinensis ist ein winterharter und imposanter Vertreter, einer der wenigen Bäume, die im Sommer bis zu acht Wochen in einer unglaublichen Fülle blühen. Die Sämlinge variieren stark in Wuchseigenschaften, Blütenform und -farbe sowie Blühdauer. Dieser Nachteil ist aber gleichzeitig ein großer Vorteil, weil diese Variationsbreite Züchtern die Möglichkeit gab, besonders attraktive Sorten auszulesen. Also Finger weg von Sämlingspflanzen und hin zu Sorten wie „Barmstedt", „Claudia", „Kreuzdame" oder „Schmetterling" mit großen, weißen Blüten, oder der Sorte „Satomi" mit rot überlaufenen Hochblättern. Die beste Sorte mit einer überreichen Blüte von beinahe acht Wochen ist „Wieting's Select", zu Ehren des wohl kompetentesten Cornus-Kenners und Züchters Johann Wieting benannt. Alle diese Sorten zieren dreimal: in der Blüte, zur Fruchtreife und im Herbst mit imposanter, leuchtend roter Färbung.*

Kultur und Pflege

Alle Hartriegelarten bevorzugen leicht sauren, humosen Boden und mögen keinen Schatten. Die Pflege ist unproblematisch. Sträucher lassen sich beliebig schneiden, aber baumartige Formen nur in der Jugend in Form bringen, denn späterer Schnitt reduziert die Blüte.

Verwendung und Tipps

Sträucher gehören in jeden naturnahen Garten, die Blumenhartriegel dagegen kommen nur freistehend, jedoch windgeschützt als Solitärgehölz voll zur Geltung. Dann aber ist die Garantie gegeben, dass jeder Passant staunend stehen bleibt.

Übersicht

ANSPRUCH	Sonne
BLÜTE (je nach Sorte)	Jan · Feb · März · April · Mai · Juni · Juli · Aug · Sept · Okt · Nov · Dez
BODEN	sauer, humos
	mehrjährig

KORNBLUME

Centaurea, Korbblütler (Asteraceae)
Zyane, Flockenblume

Herkunft und Botanisches

Die viel besungene Kornblume *Centaurea cyanus* war bis vor wenigen Jahrzehnten noch ein recht häufiges Wildkraut in den Getreidefeldern. Mit ihren prächtig leuchtenden, blauen Korbblüten war sie auch schon zu Zeiten, in denen Wildkräuter noch Unkräuter hießen, ein Liebling der Menschen. Mittlerweile ist sie wie so viele Ackerwildkräuter durch verstärkten Einsatz von Herbiziden und sorgfältige Saatgutreinigung auf den Feldern verhältnismäßig selten geworden. Doch das war nicht immer so: Nachdem die Kornblume vor vielen hundert Jahren mit dem Getreideanbau aus Asien zu uns gekommen war und sich dann als ein so genannter „Archaeophyt" – ein Alteinwanderer – in unserer heimischen Flora verbreitet hatte, wurde sie auch in Mitteleuropa als Heil- und Zierpflanze in Bauerngärten kultiviert.

Bereits im antiken Griechenland galt sie als bekannte Heilpflanze, die beispielsweise zur Linderung von Augenentzündungen eingesetzt wurde. So ist es auch kein Wunder, dass der botanische Gattungsname *Centaurea* der griechischen Mythologie entlehnt ist. *Centaurea* bezieht sich auf den Zentauren „Cheiron", einen weisen Pferdemenschen, der angeblich nach schwerer Verwundung durch diese Pflanze geheilt wurde. So soll auch die zweite „Zentauren-Pflanze" *Centaurium erythraea*, das Tausendgüldenkraut, zu ihrem Namen gekommen sein.

Aus der ursprünglichen blauen Kornblume sind viele einjährige Sorten gezüchtet worden, die mit einfachen oder gefüllten Blüten in Weiß, Rosa, Weinrot oder eben Kornblumenblau wunderbar in einen naturgemäßen Garten passen. Hohe Sorten werden bis 90 cm hoch und eignen sich hervorragend für Wildblumenwiesen. Die so genannten Topfsorten sind für den Kübel passend und bleiben mit 40 cm eher klein und buschig.

Arten und Sorten

***Centaurea cyanus:* Kornblume**
- *einfarbige Sorten und bunte Mischungen, 90 cm*
- *Blue Midget: Topfsorte, 40 cm*
- *Florence Pink: Topfsorte, 40 cm*

***Centaurea americana:* Amerikanische Flockenblume**
- *Jolly Joker: lilarosa, 1 m*

***Centaurea montana:* Blaue Alpenkornblume, Rosa Berg-Flockenblume**
- *Grandiflora: 40 bis 60 cm*

Kultur und Pflege

Kornblumen sind ziemlich anspruchslos und pflegeleicht, solange sie einen sonnigen Platz mit durchlässigem, humosem Boden erhalten. Ein weiterer Vorteil ist, dass Kornblumen kaum krankheitsanfällig sind. Sollte einmal Rostpilz als Folge von Staunässe und zu viel Feuchtigkeit auftreten, müssen die befallenen Pflanzenteile entfernt und vernichtet werden. Für eine üppige Blüte ist es von Vorteil, den Boden nicht zu stark mit Stickstoff zu düngen.

Die Aussaat erfolgt für eine frühe Blüte als Vorzucht im Haus bei 18° C. Nach vier Wochen können die jungen Pflanzen in kleine Töpfe umgesetzt werden und ab Mitte Mai dann im Abstand von 30 cm ausgepflanzt werden. Wer lieber direkt ins Freiland aussäen möchte, kann dies ab April tun. Viele Arten werden über den Sommer recht hoch und mehr oder weniger buschig, sodass es sich empfiehlt, die Pflanzen anzubinden und abgeblühte Stängel herauszuschneiden.

Verwendung und Tipps

Keine Wildblumenwiese ohne Kornblumen! Besonders Schafgarben und Margeriten passen gut zu Kornblumen, am besten

kommt ihr strahlendes Blau jedoch in Kombination mit orangefarbenen oder gelben Blüten, wie denen der Ringelblume (*Calendula officinalis*) zur Geltung. Selbstaussaat von Kornblumen ist nur mit einfach oder halb gefülltblütigen Sorten möglich, voll gefüllte sind dagegen immer unfruchtbar.

Kornblumen eignen sich auch sehr gut als Schnittblumen und lassen sich hervorragend trocknen. Die Farberhaltung der Blüten ist allerdings nicht so dauerhaft wie bei den Strohblumen. Mit Haarspray kann hier ein wenig nachgeholfen werden und ganz nebenbei wird das Auseinanderfallen der Blüten hinausgezögert.

Übersicht

ANSPRUCH	*Sonne*
BLÜTE	Jan · Feb · März · April · Mai · Juni · Juli · Aug · Sept · Okt · Nov · Dez
BODEN	*humos, durchlässig*
	einjährig

LAMPIONBLUME

Physalis, Nachtschattengewächse (Solanaceae)
Judenkirsche, Blasenkirsche

Herkunft und Botanisches

Die Lampionblume, mit dem botanischen Namen *Physalis*, ist ein ganz besonderes Gewächs. Als Vertreter der Nachtschattengewächse gehört sie zu einer Pflanzenfamilie, zu der die Menschen von alters her besonders intensive Beziehungen pflegen. Wichtige Nutzpflanzen wie Kartoffeln, Tomaten, Tabak oder Paprika, aber auch Heil- und Zauberpflanzen wie der Stechapfel und die Tollkirsche gehören zu den Nachtschattengewächsen. *Physalis* vereint hierbei etwas von allem und ist darüber hinaus eine wunderschöne Zierpflanze, die besonders zur Geltung kommt, wenn sich die Fruchtkelche im Oktober passend zum goldenen Herbst zu ziegelroten „Lampions“ verfärben.
Einige Teile der Pflanze sind, ebenso wie die unreifen Früchte, leicht giftig, was für Nachtschattengewächse nicht ungewöhnlich ist. Extrakte aus zerkleinerten Früchten wurden traditionell wegen ihrer harntreibenden Wirkung bei Blasenkrankheiten sowie Gicht und Rheuma eingesetzt. Die reifen Früchte gelten durchaus als genießbar, wenn sie auch nicht besonders schmackhaft sind. Bei der aus den Anden stammenden Verwandten der Lampionblume, der peruanischen Blasenkirsche *Physalis peruvianum*, sieht das schon anders aus. Ihre grünlich-gelb bleibenden Fruchtkelche beinhalten äußerst Vitamin-C-haltige, orangefarbene Früchte, die als „Andenbeeren“ immer öfter in der Exotenecke des Obsthandels angeboten werden und durchaus dem Gaumen schmeicheln. Mittlerweile wird die Andenbeere auch von Spezialitätengärtnereien für den hiesigen Garten als Zier- und Nutzpflanze angeboten und scheint an manchen Standorten bereits wild vorzukommen.
Interessant ist, wie so oft bei traditionellen Nutz- und Heilpflanzen, die Herkunft der volkstümlichen Namen. Der Name „Judenkirsche“ soll auf einen früheren Kopfschmuck im jüdischen Brauchtum Bezug nehmen, der dem ziegelroten blasigen

Kelch, also dem „Lampion", der die Beere umschließt, ähnlich sieht. Auch andere Pflanzen wurden nach Kopfbedeckungen benannt, man erinnere sich an das Pfaffenhütchen oder den Türkenbund.

Arten und Sorten

***Physalis alkekengi*: wilde Blasenkirsche**
weiße Blüten, Fruchtkelch ziegelrot

Physalis alkekengi var. franchetii
Variation der wilden Blasenkirsche,
häufigste Gartenform, etwas starkwüchsiger

***Physalis peruvianum*: Kapstachelbeere, Peruanische Blasenkirsche, Andenbeere**
Beeren zum Verzehr geeignet, Fruchtkelch grünlich-gelb

Kultur und Pflege

Physalis ist dankbar für warme, voll sonnige Standorte mit kalkhaltigem Boden und kann im Frühjahr direkt in Freiland ausgesät werden. Ältere kräftige Stauden sind aber auch sehr einfach durch Teilung zu vermehren. Während des Sommers sollte man für ausreichend Feuchtigkeit sorgen, um den Pflanzen ein üppiges Wachstum zu ermöglichen. In der Not vertragen sie jedoch auch ein wenig Trockenheit.

Die Ernte der Lampions für Trockensträuße und dergleichen sollte erst erfolgen, wenn sie leuchtend gefärbt und vollständig entwickelt sind, d. h. etwa ab Mitte Oktober. Die Stiele können sowohl aufrecht in der Vase als auch hängend getrocknet werden.

Verwendung und Tipps

Lampionblumen sind äußerst wachstumsfreudige Pflanzen und passen daher sehr gut in einen Gartenbereich, in dem sie sich ungehindert ausbreiten können. Es empfiehlt sich, sie nicht direkt neben niedrig wachsende Pflanzen zu setzen, da diese schnell überwuchert werden. Ideal ist ein Standort im hinteren Bereich von Beeten, um den Platz zwischen niedriger wachsenden Zierpflanzen im Vordergrund und den abschließenden Hecken oder Sträuchern zu füllen, vor deren dunklem Grün sich die leuchtenden Lampions besonders schön hervorheben.
In getrockneter Form sind die „Lampions" für Trockengestecke und Dekorationen aller Art prädestiniert, da sie äußerst lange haltbar sind. Man kann sich übrigens noch länger an den roten Ballons erfreuen, wenn man die Gestecke nicht ins direkte Sonnenlicht stellt, denn die roten Pigmente sind wie alle Naturfarbstoffe lichtempfindlich.

Übersicht

ANSPRUCH	*Sonne*											
BLÜTE *(Lampions ab Oktober)*	*Jan*	*Feb*	*März*	*April*	*Mai*	*Juni*	*Juli*	*Aug*	*Sept*	*Okt*	*Nov*	*Dez*
BODEN	*durchlässig, humos*											
	mehrjährig, mindergiftig											

Levkoje

Matthiola, Kreuzblütler (Brassicaceae)

Herkunft und Botanisches

Matthiola incana, die Gartenlevkoje, stammt wie der Goldlack ebenfalls aus dem Mittelmeerraum und ist dort vor allem auf den Küstenfelsen des nördlichen Mittelmeeres sowie der Atlantikküste beheimatet. Etwa seit dem 15. Jahrhundert fand sie auch Einzug in unsere mitteleuropäischen Gärten der gemäßigten Zone. Der Gattungsname *Matthiola* geht auf den Wiener Arzt und Botaniker Pietro Andrea Matthiola (1500 – 1577) zurück. So finden sich bereits in den ersten gedruckte Herbarien Abbildungen dieser in vielen Farben blühenden wunderschönen Schnittblumen.

Der Name Levkoje stammt aus dem Altgriechischen und bedeutet sinngemäß „weißes Veilchen“. Die Levkoje ist also, wie der manchmal als „Gelbveigelein“ bezeichnete Goldlack, sozusagen ein „getarntes Veilchen“. Es handelt sich hierbei allerdings um keine botanische Verwandtschaft zum echten Veilchen, sondern eher um eine sinnliche. Vermutlich war der betörende veilchenartige Duft, der allen dreien eigen ist, dafür verantwortlich, dass im Altertum drei verschiedene Veilchen benannt wurden, von denen nur eines das echte Veilchen war. Mit der imposanten Farbenvielfalt von Weiß, Cremegelb über Rosa und Rot bis hin zu Lila und dem wunderbar süßlichen Duft wurden die Levkojen schnell zu einer der beliebtesten Garten- und Schnittpflanzen in hiesigen traditionellen Bauerngärten. So mancher Salon wurde um die Jahrhundertwende mit einem Strauß dieser äußerst haltbaren Schnittblumen geschmückt.

Arten und Sorten

Matthiola incana

- *Dresdener Mischung: Mischung mit großen, dicht gefüllten Blüten, lange Stiele (>50 cm)*
- *Zwerg-Pyramiden-Prachtmischung: bunte Mischung, kurze Stiele (30 cm)*

Kultur und Pflege

Levkojen können ab März ins Frühbeet ausgesät werden. Da sie Lichtkeimer sind, sollten die Samen dünn ausgesät und nur leicht angedrückt werden. Zur Beschleunigung der Keimung am besten eine Aussaatschale verwenden und bei etwa 15 bis

18° C an ein helles Fenster stellen. Das Auspflanzen der Sämlinge erfolgt erst nach den Eisheiligen, also etwa ab Mitte Mai, an einen sonnigen Platz mit eher trockenem, leicht alkalischem Boden. Etwa 10 cm Abstand zwischen den Pflanzen reicht aus, um im Sommer ein dichtes Blütenmeer genießen zu können. Im Handel sind niedrig und hoch wachsende Mischungen erhältlich. Die niedrigen Sorten eignen sich nicht nur sehr gut für eine Wegeinfassung, sondern können auch optimal als Kübelpflanze gehalten werden. Als Schnittblumen eignen sich natürlich besser hoch wachsende Sorten. Diese sollten im Beet recht eng gepflanzt werden, damit sich die einzelnen Pflanzen bei starkem Wind gegenseitig stützen können. Schwache, leicht knickende Stiele entstehen übrigens oft als Folge einer Überdüngung, da Levkojen empfindlich gegenüber zu viel Salzen sind. Sie reagieren auf intensive Düngung zwar mit beschleunigtem Wachstum, entwickeln dann aber zu lange, geschwächte Stiele.

Verwendung und Tipps

Levkojen sind traditionelle, haltbare Schnittblumen, die schon Großmutters Bauerngarten geschmückt haben. Ein Sonnenbeet mit verschiedenfarbigen Levkojen in Kombination mit Lupinen, Löwenmäulchen und Glockenblumen lässt alte Zeiten wieder aufleben und erfüllt den Garten mit lang anhaltender Farbenpracht.
Wer den Kauf von vorgezogenen Pflanzen gegenüber der eigenen Aussaat bevorzugt, sollte darauf achten, dass die Pflanzen beim Kauf noch nicht blühen, da sie ansonsten kaum noch eigene Knospen ansetzen werden. Für die Vase bestimmte Levkojen sollten während des Wachstums von allen Seitentrieben befreit werden. Sie treiben dann höher aus und beginnen früher mit der Blüte.

Übersicht

ANSPRUCH	*Sonne*
BLÜTE	Jan, Feb, März, April, Mai, **Juni**, **Juli**, **Aug**, **Sept**, Okt, Nov, Dez
BODEN	*durchlässig, kalkhaltig, humos*
	einjährig

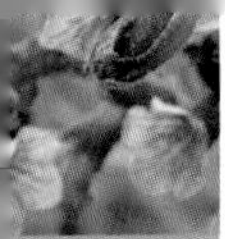

LUNGENKRAUT

Pulmonaria, Raublattgewächse (Boraginaceae)

Herkunft und Botanisches

Der deutsche Name geht, wie bei so vielen Kräutern, auf eine praktische Anwendung als Heilpflanze in früheren Zeiten zurück. Lungenkraut wurde früher vor allem bei Husten und anderen Lungenkrankheiten angewendet, was medizinisch durch den Gehalt an schleimlösenden Saponinen und Gerbsäuren erklärt werden kann. Die gesamte oberirdische Pflanze wurde als Teeaufguss verwendet – und damit gehörte dieses Heilkraut früher selbstverständlich in jeden Hausgarten.
Botanisch gesehen gehören Lungenkräuter zur Familie der Raublattgewächse und sind typische Pflanzen der Bodenschicht in den mitteleuropäischen Laubwäldern. Die Bestäubung der Blüten wird durch Hummeln und Bienen, die Verbreitung der Samen durch Ameisen erledigt. Sie zählen mit zu den ersten blühenden Pflanzen im Jahr und sind prägender Bestandteil des typischen Frühjahrsbildes unserer Wälder. Als Waldpflanzen bevorzugen sie selbstverständlich auch im Garten einen feuchten und schattigen Standort. Insgesamt gibt es nur etwa ein Dutzend Arten, deren Herkunft ausnahmslos Europa und Asien ist.
Die buschigen Stauden entwickeln in der Zeit von März bis Mai zahlreiche Glockenblüten, die bei der Wildform *Pulmonaria officinalis* zunächst rot sind und sich während des Verblühens blau verfärben. Die Verwandlung der Blütenfarbe ist faszinierend und wird durch eine Veränderung des pH-Wertes in den Zellen bewirkt, wodurch sich das farbgebende Pigment Anthocyan von rot nach blau umwandelt. Man kennt dieses Phänomen ebenso vom Rotkohl, der je nach Zubereitung auch als Blaukraut daherkommt. Im sauren Bereich ($pH < 7$) ist der Pflanzenfarbstoff rot und im basischen ($pH > 7$) wird er blau.
Auch in der Lunge findet eine Farbumwandlung statt. Kohlendioxidhaltiges, blaues Blut wird in sauerstoffhaltiges, rotes Blut umgewandelt, eine erstaunliche Parallele. Der Name des Lungenkrautes ist sicherlich viel älter als unser Wissen über den Lungenkreislauf des Blutes, aber es ist doch verblüffend,

dass gerade dieses Kraut heilsam für die Lunge ist, zumal auch die oftmals hell gefleckten Blätter an das Aussehen der menschlichen Lunge erinnern.

Arten und Sorten

***Pulmonaria officinalis:* Lungenkraut**
Wildform mit rosablauen Blüten

***Pulmonaria angustifolia:* Schmalblättriges Lungenkraut**
- *Alba: weiße Blüten*
- *Azurea: tiefblaue Blüten*
- *Salmon Glow: lachsrosa Blüten*

***Pulmonaria rubra:* Siebenbürger Lungenkraut**
rote Blüten

Pulmonaria saccharata
- *Mrs. Moon: silbrig geflecktes Laub, rosarote Blüten*

Kultur und Pflege

Lungenkräuter sind anspruchslose Pflanzen, die einen feuchten und humusreichen Boden bevorzugen. Eine Pflanzung kann im zeitigen Frühjahr oder im Herbst an einem schattigen Standort erfolgen. Der Abstand zwischen den einzelnen Stauden sollte mindestens 20 bis 30 cm betragen. Die Pflanzen werden etwa 30 cm hoch und samen sich leicht selbst aus. Die Stauden lassen sich jedoch im Herbst auch äußerst einfach durch Teilung zu vermehren.

Verwendung und Tipps

Die altertümliche Verwendung als Hustentee sollte heute wohl nicht mehr in Betracht kommen, zumal sich herausstellte, dass bestimmte Inhaltsstoffe gesundheitsschädlich sind. Als Zierpflanze in einem naturgemäßen Garten ist das Lungenkraut jedoch sehr ansprechend. Es eignet sich insbesondere für ein typisches Waldbeet zusammen mit Waldgräsern und anderen Waldpflanzen wie beispielsweise Anemonen.

Neben den Zuchtsorten macht auch die Wildform etwas her. Außerdem unterstützt die Kultivierung von Wildkräutern in unseren Gärten ganz nebenbei die Erhaltung von Arten, deren natürliche Standorte durch Zersiedelung der Landschaft oft genug bedroht sind.

Übersicht

ANSPRUCH	*Halbschatten/Schatten*
BLÜTE	Jan, Feb, März, April, Mai, Juni, Juli, Aug, Sept, Okt, Nov, Dez
BODEN	*locker, humos*
	mehrjährig

Reseda

Reseda, Resedengewächse (Resedaceae)
Wau, Resede

Herkunft und Botanisches

Obwohl Reseda eher unscheinbare, grünlich-gelbe Blüten hat, begeistert diese aus Nordafrika stammende Sommerblume seit Generationen die Liebhaber seltener Naturschönheiten mit ihrem bezaubernden Duft. Sie ist wahrlich eine Blume aus der guten alten Zeit und wird bei uns meist einjährig gezogen, obwohl auch mehrjährige Kultur möglich ist. Von den etwa 30 Arten der Gattung Reseda wurde vor allem die Art *Reseda luteola* seit Jahrhunderten vielerorts als so genannte „Färberresede" oder auch „Färberwau" angebaut. Bereits die Römer verwendeten diese Pflanze, um weiße Stoffe intensiv gelb zu färben. Der natürliche Farbstoff, das Luteolin, welcher durch Abkochung des getrockneten Krauts gewonnen wurde, hatte den großen Vorteil, licht- und seifenechte Färbungen zu ermöglichen. Aus dem Berufsstand der Färber wurde schließlich auch der deutsche Name „Wau" für die Reseda geprägt. Er bezieht sich auf eine andere Färberpflanze, den Färber-Waid (*Isatis tinctoria*), der den Indigofarbstoff lieferte.

Die eigentliche Gartenreseda (*Reseda ordorata*) kam etwa Mitte des 18. Jahrhunderts sowohl als Garten- als auch als Zimmerpflanze vor allem wegen ihres angenehmen Duftes in Mode. Dieser Duft gab damals den Anlass, das geschätzte Resedablütenöl herzustellen, welches seinen Duft erst in starker Verdünnung entfaltet und auch heute noch für die Parfümindustrie von besonderem Wert ist.

Doch Reseda hat noch mehr zu bieten: Die Pflanze wurde zu römischen Zeiten bei Beschwörungen von Krankheiten eingesetzt, sodass der Name „Reseda" auf das lateinische „resedare" zurückzuführen ist, was so viel wie „beruhigen" und „stillen" bedeutet.

Arten und Sorten

Reseda ordorata: Gartenreseda, Duftende Reseda
- *Grandiflora: lange, gelbweiße Rispen, 40 cm*
- *Machet: orangerot, 40 cm*
- *Machet Rubin: orangerot, 30 cm*

Kultur und Pflege

Die Aussaat erfolgt ab etwa Mitte April direkt ins Freiland. Bei entsprechender Größe sollten die Pflanzen auf einen Abstand von 15 bis 20 cm verpflanzt werden. Im Prinzip ist Reseda eine anspruchslose Pflanze, die sowohl an einem sonnigen Standort als auch im Halbschatten gut gedeiht, solange der Boden nährstoffreich und leicht kalkhaltig ist. Daher sollte schwerer Boden vor dem Einpflanzen mit Sand aufgelockert werden.
Durch Vorkultur erhält man gewöhnlich kräftigere Pflanzen. Hierzu kann man ab Anfang April drei bis vier Resedasamen je 10 cm Topf aussäen und am Fenster vorziehen. Ab Mitte Mai werden die jungen Pflanzen ins Freiland oder in Kübel gesetzt. Junge Reseden sind leider bevorzugte Opfer von Erdflöhen.

Hierbei handelt es sich allerdings nicht wirklich um Flöhe, sondern vielmehr um etwa 2 mm große dunkle Käfer, die Löcher in die jungen Blätter fressen. Gesteinsmehl oder Holzasche morgens auf die taufrischen Pflanzen gestreut, sollte ein wirksames Abwehrmittel gegen diese Schädlinge darstellen.

Verwendung und Tipps

Reseda wirkt im Garten besonders hübsch als duftende Beeteinfassung. Durch den intensiven Duft werden bevorzugt Bienen angezogen – jeder Resedagärtner kann sich also auf einen lebhaften Besuch der Pollen- und Nektarsammler einstellen. Alle Sorten lassen sich ebenfalls problemlos als Kübel- oder Balkonpflanze halten und verbreiten so auch im Minigarten ein einzigartiges Dufterlebnis.

Als Schnitt- und Trockenblume eignet sich Reseda ebenfalls besonders gut. Es gilt jedoch zu beachten, dass sie sich in der Vase mit anderen Blumen nicht verträgt, da sie vermutlich Phytonzide ausscheidet. Solche Stoffe werden von manchen Pflanzen zum Schutz vor Schädlingen und Krankheitserregern produziert, können aber auch den Stoffwechsel anderer Pflanzen beeinflussen. Im Garten ist die direkte Nachbarschaft von Reseda und Rosen daher auch zu vermeiden, während andere Kombinationen, beispielsweise mit Ringelblumen (*Calendula officinalis*) oder Zinnien (*Zinnia elegans*) kein Problem darstellen.

Übersicht

ANSPRUCH	*Sonne*
BLÜTE	*Jan · Feb · März · April · Mai · Juni · Juli · Aug · Sept · Okt · Nov · Dez*
BODEN	*kalkhaltig, nährstoffreich*
	einjährig

Schmuckkörbchen

Cosmos, Korbblütler (Asteraceae)
Kosmee, Schmuckblume, Cosmee, Cosmea

Herkunft und Botanisches

Mit Blütenfarben von Weiß, Gelb, Rosa, Weinrot bis hin zu mehrfarbigen Sorten sind die Schmuckkörbchen traditionelle, altbekannte Sommer- und Herbstpflanzen, die hervorragend in einen naturgemäßen Bauerngarten passen. Es sind meist einjährige Kräuter aus der Familie der Korbblütler mit stark verzweigtem, fein gefiedertem Laub. Die Heimat dieser anmutigen Pflanzen ist das tropische und subtropische Amerika, überwiegend Mexiko. Je nach Art und Sorte bringen sie zahlreiche 4 bis 8 cm große Blütenkörbchen hervor und weisen sich durch ausdauernde Blühfreudigkeit aus. Auf Grund ihrer tropischen Heimat brauchen die meisten Sorten Kurztagbedingungen um einen Blühimpuls zu erhalten und sind damit typische Spätsommerblüher.
Eine Besonderheit ist die Schokoladenkosmee (*Cosmos atrosanguineus*), ebenfalls aus Südamerika. Mit schokoladenbraunen bis burgunderroten Blüten hat diese Art nicht nur die passende Farbe zu ihrem Namen, sie verbreitet auch noch einen intensiven Zartbitter-Schokoladenduft, der schon so manchen Gärtner in Erstaunen versetzt hat.

Arten und Sorten

Cosmos bipinnatus
- *Sea-Shells: Muschelkosmee mit trichterförmig eingerollten Blütenblättern*
- *Sonata: mit rein weißen Blüten*

Cosmos atrosanguineus:
Schokoladenkosmee, Zweizahn

***Cosmos sulphureus*: Schwefel-Cosmea mit goldgelben Blütenvariationen**
- *Rabattengold*
- *Feuerwerkmischung*
- *Diabolo: 60 cm hohe Sorte mit feuerroten Blüten*
- *Sunset: halb gefüllte Sorte*

In der Regel werden im Fachhandel Farbmischungen angeboten.

Kultur und Pflege

Schmuckkörbchen können im Frühjahr von April bis Mai direkt ins Freiland ausgesät werden. Ein Abstand der Pflanzen von 30 bis 50 cm nach der Verpflanzung ist optimal. Alternativ kann die Aussaat auch entsprechend früher mit Vorkultur erfolgen, sodass es zu einer frühzeitigen Blüte kommt.

Die Blütezeit dieser filigranen Schönheiten erstreckt sich von Juni bis November. Sie blühen also bis in die späten nasskalten Herbsttage hinein und setzen in dieser Zeit willkommene Farbtupfer im Blumenbeet.

Die ausgiebige Blütezeit weist schon darauf hin, dass es sich um relativ anspruchslose Pflanzen handelt. Dennoch sollte ausreichend gewässert werden, es darf jedoch keine Staunässe entstehen. Die Schmuckkörbchen erreichen bis zum Spätsommer eine Höhe von bis zu 150 cm und bilden währenddessen immerfort neue Knospen. Was den Standort angeht, so sind Schmuckkörbchen mit einem vollsonnigen Platz sehr zufrieden, ein halbschattiges Plätzchen wird aber auch noch toleriert.

Verwendung und Tipps

Schmuckkörbchen sind typische Pflanzen für naturgemäße Gärten und erscheinen in einer Farbmischung ausgesät besonders attraktiv. Sie blühen noch ausgiebiger, wenn sie nicht zu reichlich gedüngt werden. Die Farbenvielfalt der Blüten wird durch neue Züchtungen bereichert, die tief orangefarben leuchten.

Abgeblühte Schmuckkörbchen sollte man stehen lassen, da die Samen ein hervorragendes Futter für verschiedene Finkenarten sind. Besonders Distelfinken, mit ihrem auffälligen gelbroten Gefieder, machen sich gerne daran zu schaffen.

Die knolligen Wurzeln der Schokoladenkosmee lassen sich ähnlich wie bei Dahlien frostfrei überwintern.

Für Gärtner, die nur einen Balkon zur Verfügung haben, eignet sich *Bidens ferulifolia*, eine zierlichere Variante von *Cosmos sulphureus*.

Übersicht

ANSPRUCH	*Sonne*
BLÜTE	Jan · Feb · März · April · Mai · Juni · Juli · Aug · Sept · Okt · Nov · Dez
BODEN	*durchlässig, humos*
	einjährig

Silberling

Lunaria, Kreuzblütler (Brassicaceae)
Judaspfennig, Judas-Silberling, Silberblatt, Mondviole

Herkunft und Botanisches

Der botanische Name *Lunaria* spielt, wie der deutsche Begriff Mondviole, auf die silbrig glänzenden Fruchtscheidewände der Schoten hin, deren Farbe und Form an den Mond erinnert. Diese perlmuttartigen Zwischenwände der Samenstände – sie fühlen sich wie Pergament an – werden aber erst sichtbar, nachdem sich die bräunlichen Hüllblätter im Herbst abgeschält und die Samen freigesetzt haben. Wegen ihrer Attraktivität sehr oft für Trockensträuße verwendet, sind sie den meisten Blumenliebhabern wohl bekannt. Als ein- oder zweijährige Frühsommerblume im Garten ist der anmutige Silberling dagegen nicht mehr so verbreitet, obwohl er seit dem Mittelalter in den Bauerngärten zu Hause war und auch als Wildform (*Lunaria rediviva*) in unseren Wäldern vorkommt. Aus dieser Zeit stammt wohl auch das religiöse Synonym Judaspfennig, welches ebenfalls Bezug auf die Fruchtscheidewände nimmt, die wie silbrige Münzen glänzen, wenn der Wind sie bewegt.

Der Silberling bringt bis zu 1 m lange Stängel hervor, an denen die für Kreuzblütler typischen viergeteilten Blüten in üppigen weißen, rosafarbenen oder violetten Trauben erscheinen. Besonders nachts verströmen diese Blüten einen üppigen veilchenartigen Duft, mit dem nachtaktive Insekten angelockt werden – so auch Nachtfalter, die diese Nektarquellen über weite Strecken anfliegen. Der Name Mondviole passt besonders gut, da er nachts wie ein Veilchen duftet und später im Jahr Samenstände hervorbringt, die an den strahlenden Vollmond erinnern.

Arten und Sorten

***Lunaria annua*: Silberling**
mit großen attraktiven Samenständen

***Lunaria rediviva*: Wildes Silberblatt**

Kultur und Pflege

Die Aussaat erfolgt direkt ins Beet. Es hängt vom Zeitpunkt der Aussaat ab, ob man eine einjährige oder zweijährige Kultur anlegen will. Für die einjährige Kultur sollte etwa im April an Ort und Stelle ausgesät werden. Später muss man die Pflanzen auf 30 bis 40 cm vereinzeln. Die Blüte erfolgt dann etwa im Juli, also leicht verspätet.

Bei zweijähriger Kultur ist der Wuchs der Pflanzen wesentlich kräftiger und man kann sich an einer intensiveren Blüte erfreuen. Hierzu erfolgt die Aussaat von Juni bis Juli in ein Vorzuchtbeet. Nach ca. zwei Wochen keimen die Samen und die Pflänzchen können auf 10 cm vereinzelt werden. Bei einer Größe von 10 cm können sie an ihren Bestimmungsort ins Beet ausgepflanzt werden. Bei gekauften Pflanzen ist darauf zu achten, dass sie noch nicht zu blühen begonnen haben, stattdessen sind frisch gezogene Jungpflanzen zu bevorzugen.

Der Standort sollte halbschattig sein, idealerweise im lichten Schatten unter Bäumen. Wie alle Waldkräuter bevorzugt auch der Silberling einen humosen, leicht feuchten Boden. Er sollte nicht austrocknen, denn dann kommt es zu Welkerscheinungen.

Verwendung und Tipps

Der Silberling ist – schnell wachsend und anspruchslos – besonders gut als Füllpflanze für naturnahe, zwanglose Gärten geeignet. Einmal an einen ungestörten Ort ausgepflanzt, sät er sich oft selber von Jahr zu Jahr weiter aus.
Da die Samenstände besonders attraktiv sind, hat man als Gärtner seine doppelte Freude an diesem Kraut, einmal zur intensiv duftenden Blüte im Frühsommer und ein zweites Mal zur Samenreife im Frühherbst. Die reifen Samenstände können dann geerntet und für alle erdenklichen Naturdekorationen im und am Haus verwendet werden. Natürlich sollte man immer eine Hand voll Samen für das nächste Jahr aufbewahren.

Übersicht

ANSPRUCH	*Halbschatten*
BLÜTE	Jan · Feb · März · April · **Mai** · **Juni** · Juli · Aug · Sept · Okt · Nov · Dez
BODEN	*durchlässig, humos*
	einjährig, zweijährig

STROHBLUME

Helichrysum, Korbblütler (Asteraceae)
Immortelle

Herkunft und Botanisches

Die Strohblume (*Helichrysum bracteatum*) ist die einzige alte Bauerngartenpflanze, die aus Australien eingeführt wurde. Sie muss die ersten Europäer mit ihren wunderbaren Farben und der Haltbarkeit ihrer Blüten derart begeistert haben, dass bereits 1799, kurz nachdem Kapitän James Cook erstmals das große „Südland" betreten hatte, die ersten Strohblumen in europäischen Bauerngärten kultiviert wurden. Seitdem erlangte die Strohblume eine unaufhaltbare Verbreitung als beliebte Sommerblume und natürlich als äußerst farbenprächtige Trockenblume für haltbare Wintersträuße und Gestecke. In der mitteleuropäischen Flora ist die insgesamt 500 Arten umfassende Gattung *Helichrysum* ursprünglich mit nur einer Art, der Sandstrohblume (*Helichrysum arenarium*), vertreten. Auch ihre Blütenkörbchen besitzen die typischen pergamentartigen Hüllblätter, die an trockenes Stroh erinnern und der ganzen Gattung den Namen gaben. Ihre Blüten sind allerdings nicht so abwechslungsreich, wie die ihrer australischen „Schwestern", die in allen Farbnuancen zwischen Cremeweiß über leuchtend Gelb bis hin zu tiefem Rot leuchten. Zudem können an den verzweigten Stielen einer Pflanze Blüten in verschiedenen Abstufungen der gleichen Farbe erscheinen. Die außergewöhnliche Haltbarkeit der getrockneten Blüten bezüglich Form und Farbe führte dazu, ihr den Namen „Immortelle" (die Unsterbliche) zu verleihen. Auch das australische Papierknöpfchen (*Ammobium*) und die aus Australien und Südafrika stammenden Sonnenflügelarten (*Helipterum*) gehören in die Verwandtschaft der Strohblume und haben ebenfalls Einzug in unsere Gärten gefunden. Die haltbaren, papierartigen Körbchenblüten ermöglichen es den Strohblumen an ihren natürlichen Standorten, auch noch bei lang anhaltender Trockenheit hübsch und attraktiv genug auszusehen, um genügend Bestäuber anzulocken.

Arten und Sorten

Helichrysum bracteatum: Gartenstrohblume
- *Prachtmischungen: hohe und halbhohe Sorten in vielen Farben, 40 bis 80 cm*
- *Bikinisorten: niedrige Sorten in verschiedenen Farben, 30 cm*

Helichrysum milfordiae
- *südafrikanische Zwergart (3 bis 5 cm) mit silberweißen Blüten*

Helichrysum arenarium: Sandstrohblume
- *europäische Wildart mit goldgelben Blüten*

Kultur und Pflege

Gemäß ihrer Herkunft brauchen Strohblumen so viel Sonne wie möglich und einen lockeren, leicht sandigen Boden, der nicht zu viele Nährstoffe enthält. Überdüngung sollte vermieden werden, da ansonsten bestimmte Blütenbereiche zu stark wachsen und nicht mehr die richtige Festigkeit aufweisen, sodass die aus vielen Einzelblüten bestehenden Korbblüten auseinander fallen. Ebenso sollte man die Blüten beim Wässern nicht benetzen, sie beginnen sonst leicht zu faulen.
Die Aussaat erfolgt entweder Anfang Frühling im Haus oder ab Ende April direkt ins Freiland. Vorgezogene Jungpflanzen können ab Mitte Mai ins Freie gepflanzt werden. Wer Jungpflanzen kauft, sollte darauf achten, dass diese nicht zu stark gewässert wurden, was an schwarz verfärbten Blättchen erkennbar ist.

Verwendung und Tipps

Strohblumen kommen am besten in möglichst üppiger Menge zur Geltung. Der Überraschungseffekt einer zufällig ausgesäten Mischung ist gerade bei den vielfarbigen Strohblumen eine tolle Sache und lässt das Herz naturnaher Gärtner höher schlagen. Die Blumen eignen sich besonders für Gartenbereiche, die starker Sonne ausgesetzt sind und einen lockeren,

nährstoffarmen Boden aufweisen. Damit sind sie auch optimale Kandidaten für die Gestaltung von Steingärten oder steinigen Hängen.

Wer Strohblumen pflanzt, will in der Regel auch Trockensträuße schneiden. Zum Trocknen empfiehlt es sich, die Blumen zu schneiden solange die Knospen noch nicht ganz geöffnet sind. Sie werden dann mit dem Kopf nach unten an einem warmen, trockenen Platz aufgehängt. Die Blüten öffnen sich nachträglich noch erheblich, aber eben nicht vollkommen – so behalten sie eine größere Festigkeit.

Übersicht

ANSPRUCH	*Sonne*
BLÜTE	*Jan Feb März April Mai Juni* ***Juli Aug Sept*** *Okt Nov Dez*
BODEN	*durchlässig, locker*
	einjährig

Tränendes Herz

Dicentra, Erdrauchgewächse (Fumariaceae)
Flammendes Herz

Herkunft und Botanisches

Das Tränende Herz ist wirklich ein kleines Kunstwerk der Natur. Die herzförmigen Blüten sind anmutig an filigranen Zweigen aufgereiht und werden von zartem, farnähnlichem Laub umgeben. Das Besondere dieser langlebigen Gartenpflanze ist die außergewöhnliche Form der Blüten, die durch Verschmelzung der beiden äußeren Kronblätter zu einer idealisierten Herzform entstehen. Kein Wunder, dass so der deutsche Name „Tränendes Herz" entstand und *Dicentra spectabilis* zudem als Liebespflanze gilt. Ursprünglich stammt das Tränende Herz aus Ostasien, andere Vertreter der etwa 20 Arten umfassenden Gattung *Dicentra* sind aber auch in Nordamerika beheimatet. Vor etwa 150 Jahren gelangte die Pflanze aus den Gärten der Mandarine von der chinesischen Insel „Kushan" in unsere Bauerngärten und erlebte zu Urgroßmutters Zeiten einen wahren Boom als beliebter Frühsommerblüher und nostalgische Vasenblume.
Botanisch gehört das Tränende Herz zu den Erdrauchgewächsen, einer Pflanzenfamilie, zu der in unseren Breiten z. B. der Lerchensporn (*Corydalis*) und der namengebende gemeine Erdrauch (*Fumaria officinalis*), ein verbreitetes Ackerwildkraut, zählen. Das eigentliche „Tränende Herz" (*Dicentra spectabilis*) wächst zu einer langlebigen, buschigen Staude von bis zu 90 cm Höhe heran und trägt die bekannten rosa Herzblüten. Die Züchtung hat den Handel inzwischen aber auch mit rein weißblütigen Sorten bereichert, die insgesamt etwas schwachwüchsiger sind. Zusätzlich können Liebhaber dieser Pflanze auch die verwandte Farnherzblume (*Dicentra eximia*) und die Art *Dicentra formosa*, oft mit rotblütigen Herzen, in ihrem Garten anpflanzen.

Arten und Sorten

Dicentra formosa
- *Bountiful: dunkelrot, 30 cm*

Dicentra spectabilis: Tränendes Herz
rosa Herzen mit weißer Träne
• Alba: weiße Herzen, 70 bis 80 cm

Dicentra eximia: Farnherzblume
purpurrote Herzen, 30 cm
• Alba: weiße Herzen

Dicentra formosa
• Bountiful: dunkelrot, 30 cm

Kultur und Pflege

Vorgezogene Jungstauden werden nach den Eisheiligen, ab Mitte Mai, an halbschattigen Standorten mit durchlässigem, humosen Boden ausgepflanzt. Das Tränende Herz ist äußerst frostempfindlich und sollte daher bei späten Nachtfrösten beispielsweise mit einem übergestülpten Karton geschützt werden. Obwohl es normalerweise den Halbschatten bevorzugt, kann in Gebieten mit kühlen Sommern auch ein sonniger Standort gewählt werden. Da die Stauden viele Jahre alt werden, sollte man im Beet die Stellen markieren, an denen im Frühjahr die Pflanzen austreiben, damit man nicht aus Versehen andere Pflanzen dorthin setzt.

Die Vermehrung kann durch Teilung erfolgen. Verwenden Sie hierzu aber nur kräftige Pflanzen, die mindestens zehn Jahre ungestörtes Wachstum hinter sich haben. Eine sparsame Alternative der Vermehrung funktioniert mit Wurzelstücken, die im Frühling vom Wurzelstock abgeschnitten werden. Die Wurzelschnittlinge, die mindestens einen Wachstumsknoten haben müssen, werden senkrecht in einen Topf gesetzt, mit Erde bedeckt und feucht gehalten. Nach der Überwinterung im Haus werden sie im nächsten Frühjahr ins Freiland gepflanzt.

Verwendung und Tipps

Als altmodisch-liebliche Pflanze passt das Tränende Herz hervorragend in ein nostalgisches Staudenbeet. Ideal ist ein Platz im Halbschatten, an dem sich die Pflanzen über viele Jahre ungestört entwickeln können.
Da die Stauden im Sommer ihr Laub verlieren, empfiehlt es sich, spät blühende Sommerblumen in die Nachbarschaft zu pflanzen. Zur Blütezeit im Frühsommer passen sehr gut Akeleien und Vergissmeinnicht zum Tränenden Herz, wie früher in Großmutters Garten.
Bei zu dichtem oder nassem Boden kann das Tränende Herz von der Stängelgrundfäule befallen werden, die zu gelben Blätter führt und die Pflanzen nicht selten absterben lässt. Hier hilft nur die intensive Auflockerung und Verbesserung des Bodens.

Übersicht

ANSPRUCH	*Halbschatten*
BLÜTE	Jan, Feb, März, April, **Mai, Juni, Juli, Aug**, Sept, Okt, Nov, Dez
BODEN	*locker, humos*
	mehrjährig, giftig

WIESENRAUTE

Thalictrum, Hahnenfußgewächse (Ranunculaceae)

Herkunft und Botanisches

Die Wiesenrauten gehören zur Familie der Hahnenfußgewächse und sind mit etwa 150 Arten auf der gesamten Nordhalbkugel und in Teilen des tropischen Südamerika sowie südlichen Afrika verbreitet. Den Einzug in die Gärten fanden vor allem die heimische gelbe Wiesenraute (*Thalictrum flavum*) und die ebenfalls in Mitteleuropa verbreitete, hellviolette Amstelraute (*Thalictrum aquilegifolium*). Mit ihren zahlreichen Blüten, die in traubigen oder rispigen Blütenständen vereinigt sind, setzen diese großen, dauerhaften Stauden während des ganzen Sommers auffallende Akzente im halbschattigen Bereich des Gartens. Außerhalb der Blütezeit wirken die Pflanzen vor allem durch ihr bläulich-grün gefärbtes Laub, welches bei der Amstelraute an das Laub der Akelei erinnert und ihr deshalb auch den Namen „Akeleiblättrige Wiesenraute“ einbrachte. Der deutsche Name „Wiesenraute“ soll sich auf die Form der Teilblättchen beziehen, die bei den verschiedenen Arten mehr oder weniger stark an eine Raute erinnern. Aus Westchina stammt die Art *Thalictrum dipterocarpum*, die bis zu 2 m hoch wird. Die Staude begeistert von Juli bis August mit ihren locker angeordneten, rosavioletten Blütenrispen und bevorzugt ebenfalls den schattigeren und feuchten Bereich des Gartens.

Arten und Sorten

Thalictrum aquilegifolium: Amstelraute, Akeleiblättrige Wiesenraute
- *Album: rein weiße Blüten*
- *Thundercloud: bläulichrote Blüten*

Thalictrum flavum: Gelbe Wiesenraute

Thalictrum dipterocarpum

Kultur und Pflege

Im März oder im Oktober werden die Jungpflanzen an halbschattigen Standorten mit nährstoffreichem, durchlässigem Boden gepflanzt. Ähnlich den Christrosen fühlen sich die langlebigen Stauden besonders im Schatten von hohen Gehölzen wohl. Sie bevorzugen jedoch eher einen sauren Boden, Christrosen dagegen mögen es leicht alkalisch. Wenn kein Schattenplatz zur Verfügung steht, muss in jedem Fall für ausreichende Feuchte gesorgt werden. Da einige Wiesenrautenarten sehr hoch werden (bis 2 m) ist es empfehlenswert, die hohen Stängel im Bereich von windexponierten Stellen an Stützen festzubinden. Während der Winterzeit sollten besonders die jungen Pflanzen, die im Oktober neu gesetzt wurden, mit Tannenreisig oder ähnlichem vor Frost geschützt werden.

Die Vermehrung von Wiesenrauten kann im Oktober durch Teilung der ausgegrabenen Stauden erfolgen. Eine große Pflanze lässt sich in mehrere Exemplare teilen, die anschließend einzeln wieder eingepflanzt werden. Die Teilung sollte jedoch erst nach ein paar Jahren ungestörten Wachstums erfolgen, da junge Pflanzen mindestens drei Jahre brauchen, um ihre volle Höhe zu erreichen.

Verwendung und Tipps

Wiesenrauten sind sehr gut für die schattigeren und feuchten Ecken des Gartens geeignet. Wer einen naturgemäßen Bachlauf oder Teich mit heimischen Pflanzen gestalten will, der sollte Wiesenrauten in die schattigeren Uferbereiche integrieren, denn auch in der freien Natur wachsen sie bevorzugt an Flußläufen und in Auen.

Die filigranen Blütenstände geben besonders in Kombination mit Farnwedeln äußerst aparte Schnittblumen ab. Beim Schneiden sollte man jedoch Handschuhe tragen, da durch den Hautkontakt mit Teilen der Pflanze manchmal allergische Hautreaktionen ausgelöst werden.

Wer im Herbst die Samenstände sammelt und über den Winter kühl und trocken lagert, kann im Frühjahr leicht Jungpflanzen durch eigene Aussaat ziehen. Die Vorzucht erfolgt bereits ab Januar in Aussaatschälchen.

Übersicht

ANSPRUCH	*Halbschatten*
BLÜTE	Jan, Feb, März, April, **Mai, Juni, Juli, Aug**, Sept, Okt, Nov, Dez
BODEN	*humos, durchlässig, feucht*
	mehrjährig

Wo bekomme ich was?

Nutzpflanzen	**Cardy**	*Syringa-Samen, Blauetikett Bornträger GmbH*
	Guter Heinrich	*Syringa-Samen, „Kräuterzauber", Dreschflegel, Grüner Tiger, Blauetikett Bornträger GmbH*
	Haferwurzel	*Syringa-Samen, Grüner Tiger, Blauetikett Bornträger GmbH, Dreschflegel*
	Knollenziest	*Detlef Landsmann, Dreschflegel, Xotus (dort als „Crosne" bezeichnet)*
	Kohlrübe	*Im gut sortierten Saatgutregal*
	Meerkohl	*Grüner Tiger, „Kräuterzauber", Syringa-Samen*
	Melde	*Syringa-Samen, Dreschflegel, Grüner Tiger*
	Mispel	*In gut sortierten Baumschulen*
	Nachtkerze	*Blauetikett Bornträger GmbH, Grüner Tiger, „Kräuterzauber"*
	Pastinake	*Dreschflegel*
	Quitte	*In gut sortierten Baumschulen*
	Rapunzel-Glockenblume	*Blauetikett Bornträger GmbH, Grüner Tiger*
	Schwarzwurzel	*Im gut sortierten Saatgutregal*
	Spargelerbse	*Grüner Tiger, Syringa-Samen, Dreschflegel*
	Speiserübe	*Im gut sortierten Saatgutregal*
	Zuckerwurzel	*Blauetikett Bornträger GmbH, Syringa-Samen, Dreschflegel, „Kräuterzauber" (Pflanzen)*

Zierpflanzen	**Bartnelke**	*Syringa-Samen, Naturwuchs*
	Christrose	*Naturwuchs, Staudengärtnerei Förster (versch. Sorten)*
	Enzian	*Staudengärtnerei Alpine Raritäten*
	Federnelke	*Naturwuchs (versch. Sorten)*
	Goldlack	*Syringa-Samen, Naturwuchs*
	Hartriegel	*Baumschule Hachmann (versch. Sorten)*
	Kornblume	*Syringa-Samen, Staudengärtnerei Förster*
	Lampionblume	*Syringa-Samen, Naturwuchs, Staudengärtnerei Förster*
	Levkoje	*Syringa-Samen*
	Lungenkraut	*Naturwuchs, Staudengärtnerei Förster*
	Reseda	*Syringa-Samen, Naturwuchs*
	Schmuckkörbchen	*Syringa-Samen*
	Silberling	*Syringa-Samen, Naturwuchs*
	Strohblume	*Syringa-Samen, Naturwuchs*
	Tränendes Herz	*Naturwuchs, Staudengärtnerei Förster*
	Wiesenraute	*Syringa-Samen, Naturwuchs, Staudengärtnerei Förster*

Bezugsadressen

Baumschule Hachmann
Brunnenstr. 68
25355 Barmstedt
Tel.: 0 41 23 / 20 55
Fax: 0 41 23 / 66 26
E-Mail: info@hachmann.de
www.hachmann.de

Blauetikett Bornträger GmbH
In den Aspen
Postfach 28
67591 Offstein
Tel.: 0 62 43 / 90 53 26
Fax: 0 62 43 / 90 53 28
E-Mail:
borntraeger@t-online.de
www.blauetikett.de

Blumenschule Schongau
Augsburger Str. 62
86956 Schongau
Tel.: 0 88 61 / 73 73
Fax: 0 88 61 / 12 72
E-Mail:
info@blumenschule.de
www.blumenschule.de

Detlef Landsmann
August-Bebel-Str. 45
15827 Blankenfelde
Tel./Fax: 0 33 79 / 37 09 51

Dreschflegel
Föckinghauserweg 9
49324 Melle
Tel.: 0 54 22 / 89 94
Fax: 0 54 22 / 87 64
E-Mail: bhorneb@gwdg.de
www.dreschflegel-saatgut.de

Gartengalerie Monika Tittlbach
Wössinger Str. 15
75045 Walzbachtal
Tel.: 0 72 03 / 18 05
Fax: 0 72 03 / 63 36

Grüner Tiger
Pfarräckerstr. 13
90522 Oberasbach
Tel./Fax: 0 911 / 69 84 30
E-Mail:
info@gruenertiger.de
www.gruenertiger.de

„Kräuterzauber" Daniel Rühlemann
Auf dem Berg 166
27367 Horstedt
(bei Rotenburg)
Tel.: 0 42 88 / 92 85 58
Fax: 0 42 88 / 92 85 59
E-Mail:
info@kraeuterzauber.de
www.kraeuterzauber.de

Naturwuchs
Bardenhorst 15
33739 Bielefeld
Tel.: 0 521/ 8 75 15 00
Fax: 0 521/ 8 53 56
E-Mail:
info@naturwuchs.de
www.naturwuchs.de

Staudengärtnerei Alpine Raritäten
Jürgen Peters
Auf dem Flidd 20
25436 Uetersen
Tel.: 0 41 22 / 33 12
Fax: 0 41 22 / 4 86 39
E-Mail:
info@alpine-peters.de
www.alpine-peters.de

Staudengärtnerei Förster
Rheurdter Str. 501
47475 Kamp-Lintfort
Tel./Fax: 0 28 42 / 4 77 03
E-Mail:
Staudenfoerster@t-online.de

Syringa-Samen
Bachstr. 7
78247 Hilzingen-Binningen
Tel.: 0 77 39 / 14 52
Fax: 0 77 39 / 677
E-Mail: syringa@t-online.de
www.syringa-samen.de

Xotus
Kleveringweg 57
NL – 2616 LZ Delft
Tel.: 0 031 / 1521 / 4 66 67
Fax: 0 031 / 1521 / 3 72 62
E-Mail: info@xotus.nl
www.xotus.nl